수행평가 글쓰기가 대학을 결정한다!

101가지
수행평가 주제 글쓰기

이현주·이현옥 지음

光 文 閣
www.kwangmoonkag.co.kr

수행평가 글쓰기가 대학을 결정한다!

101가지 수행평가 주제 글쓰기

"유준아, 재미있는 책이 있어서 널 위해 준비했어. 자유 글쓰기 책인데 주제가 엄청 재미있더라. 한 번 써보면 좋을 거 같은데 어때?"

엄마가 미소 지으며 책 한 권을 건넵니다. 엄마는 가끔 이럽니다. 나를 위해서 많은 것을 준비하지요. 특히 우리 반 친구들 엄마와 만나고 난 후엔 학원이 하나씩 늘어납니다. 새롭게 과제가 생기기도 하지요. 이번엔 글쓰기가 대화 주제였나 봅니다. 엄마의 이런 제안을 들었을 때 여러분은 (속으로) 어떻게 말하나요?

"엄마 이게 뭐야. 자유 글쓰기? 이번엔 글쓰기야? 나한테 자유 글쓰기가 아니라 진짜 자유를 주면 안 돼? 매주 쓰는 일기도 쓰기 싫어 죽겠는데 또 글을 쓰라고. 엄마 도대체 나한테 왜 이래."

한 번쯤 엄마와 이런 갈등을 겪어 본 적이 있을 거예요. 특히 글쓰기는 진짜 부담스럽죠. 지금 하는 것도 엄청 많은데 거기에 글쓰기까지 추가라니요. 정말 엄마가 왜 이러는지 알 수가 없습니다. 너무 싫은데 내 마음을 그대로 표현해도 될까 고민도 될 거예요. 엄마가 꼭 필요하다고 하니 써야 하나 싶기도 하죠. 안 하면 엄마가 집요하게 강요할 테니까요. 글쓰기가 도움이 되긴 할 텐데 왜 이렇게 부담스럽고 싫은지 모르겠어요.

비단 여러분만의 고민은 아닙니다. 어느 중학교 국어 선생님이 글쓰기 과제를 학생들에게 내 주셨다고 해요. 학생들이 인상을 찌푸리며 말했답니다.

"글쓰기 시키지 마세요. 생각하기 싫은데 왜 저희에게 생각을 강요하세요. 멍때리는 게 제일 좋아요. 귀찮게 하지 마세요."

중학생들도 만만치 않지요. 숏 폼 동영상을 보며 아무 생각도 안 할 때가 가장 편하니까요. 손도 아프고 머리도 복잡하게 글쓰기를 해야 할까요? 여러분이 유난히 싫어하는 글쓰기, 진짜 안 하면 안 될까요?

2022년 개정 교육과정이 준비 중입니다. 총론이 나왔고 본격적으로 교육과정 각론 개발을 할 텐데요. 교육과정이란 초중고 학교생활의 모든 방향성을 담은 것입니다. 교육과정을 통해 수업 내용과 평가가 결정됩니다. 부모님과 사회가 여러분을 판단하는 기준이 될 대학입시 방향 또한 교육과정을 통해 결정됩니다. 여러분이 학교 생활에서 경험하는 모든 것을 결정하는 것이 교육과정이지요. 과연 교육과정에서도 글쓰기를 안 해도 괜찮다고 말해 주고 있을까요? 새롭게 개정되는 교육과정의 평가 원칙입니다.

수행평가를 내실화하고 서술형과 논술형 평가의 비중을 확대한다.

여러분이 너무나 싫어하고 귀찮아하는 글쓰기가 무엇보다 중요해진다는 것입니다. 이거야말로 큰일입니다. 수행평가를 중요시하고 글쓰기로 평가하다니요. 이대로 글쓰기를 안 하면 중학교 고등학교에서 서술형 논술형 평가로 힘들어진다는 건데요. 수행평가와 서술형, 논술형 평가를 한꺼번에 손쉽게 준비할 수 있는 방법 없을까요? 자유롭게 쓰는 것이 아니라 한 편을 써도 평가에 도움이 되는 글쓰기 말입니다. 꼭 필요한 것이라면 한 번의 노력으로 두 마리 토끼를 잡을 수 있는 방법이 절실하겠군요.

수행평가를 분석해 봤습니다. 수행평가가 어떻게 이루어져 있는지 알아야죠. 이 책과 시리즈격인 《초등부터 준비하는 완벽한 수행평가》에 보면 서울 소재 중학교 수행평가 분석이 나옵니다. 수행평가의 핵심 영역이 글쓰기로 분석됩니다. 서술형 논술형 평가를 확대하고 수행평가를 내실화한다는 것은 '글쓰기'를 강조하는 것입니다. 여러분도 초등학교에서 간단하게 글쓰는 수행평가를 치른 경험이 있으니 알 것입니다. 수행평가에 글쓰기가 많은 비중을 차지한다는 것을 말입니다. 중학교에 입학하면 과목 수는 더 늘어날 것이고 과목마다 수행평가가 존재합니다. 어떤 과목은 수행평가만으로 100% 성적을 환산하기도 합니다. 고등학교는 또 어떻구요. 수행평가 준비 때문에 다른 공부할 시간이 없다고 할 정도로 비중이 커집니다. 언제까지 수행평가의 핵심인 글쓰기를 귀찮아할 수만은 없다는 말입니다. 똑똑하게 효율적으로 수행평가를 위한 글쓰기 실력을 키울 수 있도록 연습해야 합니다.

실제 수행평가 주제로 글쓰기 연습을 한다면 어떨까요? 평가의 핵심을 찌르는 준비법이 될 것입니다. 이 책은 중학교 1학년 국어, 영어, 수학, 사회, 과학 주요 과목 및 기타 과목의 진짜 수행평가 문제로 글쓰기 주제를 선정했습니다. 여러분이 중학교에서 만날 수 있는 실제 수행평가 주제입니다. 수행평가는 교육과정 안에서 이루어집니다. 과정과 결과를 함께 평가합니다. 실제 상황과 유사한 맥락에서 평가를 하구요. 성장 과정에 대해서 지속적으로 평가를 하지요. 누구의 도움도 없이 스스로 능동적인 학습을 할 수 있도록 유도합니다. 다양한 지식과 기능, 태도를 통합적으로 활용할 수 있는 과제를 줍니다. 수행평가 주제로 글쓰기만 연습해도 이러한 영역의 능력을 키우는 데 도움이 된다는 뜻입니다.

이 책의 주제를 선정할 때 서울 상위 중학교의 성취 기준을 근거로 삼아 추출했습니다. 수행평가에는 성취 기준이 있습니다. 성취 기준은 각 교과에서 학생들이 성취해야 할 지식, 기능, 태도 등의 특성을 진술한 것입니다. 성취 기준을 근거로 한 문제 제시는 막연하게 자유 주제로 연습하는 것보다 실제적으로 수행평가 과제 작성에 도움이 될 것입니다.

글쓰기의 시작을 어려워하는 여러분을 위해 생각 열기를 먼저 준비했습니다. 성취 기준에 맞는 주제로 글쓰기를 하기 전 에피타이저 같은 과정입니다. 일상에서 만날 수 있는 주제로 짧은 글감을 생각해 보는 거죠. 꿀샘의 꿀팁까지 더했습니다. 글을 쓰면서 참고하면 좋을 내용을 제시해 두었지요. 마지막으로 수행평가 주제 글쓰기를 하게 됩니다. 막연히 글쓰기가 두려운 여러분에게 실제적이고 직접적인 도움이 될 것입니다.

2022년 개정 교육과정에서 새롭게 추가된 **협력적 소통 역량**을 키우는 데도 좋습니다. 글쓰기를 통해 자신의 생각과 감정을 효과적으로 표현함으로써 다른 사람의 관점을 존중하며 경청하는 자세가 생깁니다. 글을 쓰며 상호 협력적인 관계에서 공동의 목적을 구현할 수 있게 될 거예요. 즉 101가지 수행평가 글쓰기를 통해 교육과정에서 필요한 내용들을 체계적으로 글로 써 보는 것이 여러분의 학교생활에 실질적으로 도움이 될 것입니다.

피할 수 없으면 즐겨라.

글쓰기가 꼭 필요한 능력이라면 영리하게 수행평가 주제로 글 쓰는 연습을 해 보자는 겁니다. 글쓰기 실력도, 수행평가 성적도 한층 높아질 것입니다. 고등학교 공부는 더 이상 지식의 암기만으로 성취할 수 없습니다. 스스로 생각하고 정리하며 이해하는 공부입니다. 글쓰기가 반드시 필요하고 도움이 될 것입니다.

중학교와 고등학교 교육과정을 상위권으로 보내고 싶지요. 가장 필요한 것을 최소한의 노력으로 준비했으면 좋겠습니다. 실속 있게 공부하는 것을 이 책이 도와줄 것입니다. 참으로 애쓰고 있습니다. 대견합니다. 여러분을 위해 정성껏 준비했으니 차려 놓은 밥상에서 맛있게 드세요. 수행평가 주제 글쓰기를 통해 수행평가를 내실 있게 준비하세요. 부디 서술형 논술형 평가에서도 좋은 결과를 얻길 바랍니다. 여러분이 그토록 싫어했던 글쓰기가 이 책을 통해 여러분의 막강 파워로 성장할 수 있었으면 좋겠습니다.

머리말 ……………………………………………………… 5

PART 1.   수행평가 글쓰기가 대학을 결정한다 …………………… 15

1. 새로운 교육과정 무엇이 달라지나. ………………………… 17
2. 왜 수행평가를 준비해야 하나. ……………………………… 19
3. 수행평가란 도대체 무엇인가. ……………………………… 20
4. 수행평가, 고득점을 받는 방법 ……………………………… 22
5. 수행평가 글쓰기가 대세다. ………………………………… 25
6. 이 책의 활용법 ……………………………………………… 27

PART 2.   101가지 수행평가 주제 글쓰기 …………………………… 29

[국어]

1. 비밀 편지 쓰기 ……………………………………………… 31
2. 질문은 왜 어려울까? ………………………………………… 34
3. 나만의 연설 문구 만들기 …………………………………… 36
4. 나의 인생 그래프 그리기 …………………………………… 39
5. 비속어의 속뜻 ………………………………………………… 41
6. 삼행시 짓기 …………………………………………………… 43
7. 주말에 있었던 일로 기사문 쓰기 ………………………… 45
8. 내 인생을 영화로 만들기 …………………………………… 47
9. 문장 쓰고 품사 찾기 ………………………………………… 50
10. 용돈 사용 계획 작성하기 …………………………………… 52
11. 전기 아껴 쓰는 법 …………………………………………… 54

CONTENTS

12. 광고 스토리보드 만들기 ·······································57

13. 문제와 해결 방안 작성하기 ····································60

14. 〈강아지똥〉 재구성하기 ···62

15. 동화 읽고 독서 신문 만들기 ·································65

16. 좋아하는 인물 소개하기 ·······································68

17. 나의 희망 진로 신문 만들기 ·································70

18. 시 창작과 시화 그리기 ···72

19. 어휘 사전 만들기 ···75

20. 자료 찾으며 책 읽기 ··77

21. 언어의 본질 설명하기 ···79

22. 갈등이 있는 글쓰기 ··82

23. 경험 담은 글쓰기 ···84

24. 나의 성장 기록 ··87

25. 나의 좋은 점 수필 쓰기 ·······································89

26. 내 삶의 한 편의 수필 쓰기 ···································91

[영어]

27. 여행 기록 남기기 ···93

28. 자기를 소개하는 글 ··96

29. 장래 희망 ··99

30. 여행 계획 세우기 ···102

31. 내가 가고 싶은 여행지 ··105

32. 내가 좋아하는 우리나라 음식 ·······························108

33. 우리 학교 신문 만들기 ··111

34. 좋아하는 영화 포스터 만들기 ·······························114

35. 그림 단어 설명 만들기 ··117

36. 나의 하루 글쓰기 ···120

[수학]

37. 수학 용어 마인드 맵 ·················· 123

38. 나의 하루를 그래프로 그리고 해석하기 ·········· 126

39. 도형의 성질을 활용한 물건 ··············· 129

40. 내 생활에서 자료 정리하기 ··············· 132

41. 친구들의 기호 통계 내기 ················ 135

42. 도형으로 광고 만들기 ················· 138

43. 수학 관련 진로 찾기 ·················· 141

44. 희망 진로 표현하기 ·················· 144

45. 내 삶의 방정식 ···················· 147

46. 동네 지도 좌표로 그리기 ················ 150

47. 순서쌍으로 별자리 찾기 ················· 152

48. 일차방정식 신문 기사 만들기 ·············· 155

49. 나만의 수학책 만들기 ················· 158

50. 수학 신문 만들기 ··················· 161

[과학]

51. 기체의 압력과 부피 사례 찾아보기 ··········· 163

52. 파동의 종류와 특징 ·················· 166

53. 과학 신문 만들기 ··················· 168

54. 생물 보호하기 ···················· 171

55. 과학 관련 직업 찾기 ·················· 174

56. 나의 미래 직업 명함 ················· 177

57. 가스 안전 광고 ···················· 179

58. 암석과 광물 특징 구별 ················· 182

CONTENTS

[사회]

59. 신나는 여행 계획하기 ························· 185

60. 독도 노래 개사하기 ························· 188

61. 미래 도시 상상해서 그리기 ························· 191

62. 여행 팸플릿 만들기 ························· 194

63. 미래의 아이들에게 지구 소개하기 ························· 197

64. 다문화 이해 만화 그리기 ························· 200

65. 기사 제목 바꾸기 ························· 202

66. 기후 관련 단어 마인드 맵 ························· 204

67. 자연재해 신문 만들기 ························· 206

68. 나는 어떤 사람일까 타이포셔너리 만들기 ························· 209

69. 역사의 한 사건 신문 제작하기 ························· 211

70. 재판 관련 용어 정리하기 ························· 214

71. 민주주의 이념 알아보기 ························· 216

72. 미래 자원 탐구 보고서 ························· 218

73. 역할 갈등 사례 찾아보기 ························· 220

74. 독도수호대에 편지쓰기 ························· 222

75. 정부의 형태 알아보기 ························· 224

76. 재판 과정 알아보기 ························· 227

77. 제주도 여행 안내 팸플릿 ························· 230

78. 선거 포스터 만들기 ························· 233

[도덕, 기술가정, 한문, 정보]

79. 좋은 친구의 조건 써보기 ························· 237

80. 청소년기의 변화에 대한 마인드 맵 ························· 240

81. 발명 아이디어 구상하기 ························· 243

82. 청소년기 신체적·인지적 발달 특징 ························· 246

CONTENTS

83. 의복 재료와 관리법 ·· 249

84. 나만의 시간 관리법 ·· 252

85. 사춘기 자녀를 대하는 법 ·· 255

86. 청소년 식생활 뉴스 ·· 258

87. 내가 살고 싶은 집 설계 ··· 261

88. 임신 과정 설명하기 ·· 263

89. 한문 고전 골라 읽고 내용 요약하기 ······································ 266

90. 나의 인생 좌우명과 로드맵 ··· 269

91. 나만의 한자 만들기 ·· 271

92. 나의 친구 인생 에세이 ·· 273

93. 가치 카드 만들기 ··· 276

94. 인권 정책 만들기 ··· 279

95. 도덕적 시민의 자질 ·· 282

96. 정책 제안서 ··· 285

97. 행복한 삶을 위한 나의 노력 ··· 288

98. 자서전 쓰기 ··· 290

99. 도덕적 삶의 이유 ··· 292

100. 사이버 윤리 ··· 295

101. 나의 롤 모델 소개하기 ·· 298

수행평가 글쓰기가
대학을 결정한다

Part 1 수행평가 글쓰기가 대학을 결정한다

1. 새로운 교육과정 무엇이 달라지나

교육과정이란 무엇일까요? 친구들은 교육과정이라는 말이 낯설 거예요. 새로운 교육과정이라는 말이 도대체 무슨 뜻인가 싶을 겁니다. 교육과정이란 학교 교육의 목표와 내용, 방법, 평가 방법이 모두 담겨 있는 것입니다. 지금 우리가 배우는 교과서의 내용과 수업 시간의 학습 목표와 평가 등이 모두 교육과정에 의해 결정되지요. 학교의 모든 활동을 결정하는 것이 바로 교육과정이에요. 그만큼 학교에선 중요한 것이지요.

교육과정이 2022년부터 개정을 준비합니다. 급격한 디지털 전환 및 기후 환경 변화에 맞춰 미래 사회에 꼭 필요한 역량을 키워 주는 교육과정으로 바뀝니다. 2022 개정 교육과정의 핵심 키워드는 미래 사회 변화에 대응할 수 있는 **기초 소양**과 **역량**을 키우는 것입니다. 기초 소양으로 언어를 중심으로 다양한 기호, 양식, 매체 등을 활용한 텍스트를 대상과 목적, 맥락에 맞게 이해하고 생산하고 공유, 사용하여 문제를 해결하고 공동체 구성원과 소통하고 참여하는 능력인 **언어 소양**을 강조합니다. 다양한 상황에서 수리적 정보와 표현 및 사고 방법을 이해, 해석 사용하여 문제 해결과 추론, 의사소통하는 **수리 소양**도 총론에 반영하지요. 디지털 지식과 기술에 대한 이해와 윤리 의식을 바탕으로 정보를 수집 분석하고 비판적으로 이해하고 평가하여 새로운 정보와 지식을 생산하고 활용하는 **디지털 소양**도 교과에 반영되는 기초 소양입니다. 역량은 무엇에 중점을 둘까요? 지금까지 **자기관리, 지식 정보 처리, 창의적 사고, 심미적 감성, 공동체 역량**을 중요 역량으로 생각했어요. 2022 개정 교육과정에는 하나를 덧붙여 **협력적 소통**을 강조합니다.

기존의 교육과정에 비해 크게 달라지는 것이 협력적 소통입니다. 단순한 의사소통을 넘어 협력적으로 소통할 수 있는 힘을 기르고자 하는 것입니다. 내 생각을 전달하고 타인의 생각을 이해하는 것을 넘어서는 역량이 필요합니다. 나와 타인의 의견의 다른 점을 알고 목표에 맞춰 조율할 수 있어야 합니다. 기본적으로 문해력이 바탕이 되어야겠지요. 타인의 언어의 뜻을 이해하고 나의 의사를 정확하게 전달하는 **문해력** 말입니다. 그 다음 필요한 것이 상이한 두 가지 의견에서 합의점을 찾는 것입니다. 공격적이지 않은 방법으로 서로가 동의할 만한 합의안을 만들어 내는 의사소통을 할 줄 알아야 해요. 이를 위해 주체성과 책임감, 적극적인 태도와 문제 해결력이 필요할 거예요. 더불어 융합적 사고와 도전 정신, 배려와 소통, 협력과 공감 그리고 공동체 의식도 가져야겠지요.

이러한 모든 능력을 키워줄 수 있는 것이 **글쓰기**입니다. 종합적 사고와 정리를 통해 더 나은 방안을 찾아 소통할 수 있는 능력을 기르기 위해서는요. 글쓰기로 서로의 의견을 나누는 것이 필요해요. 자신과 타인의 생각을 정리하는 일부터 소통의 시작이니까요. 모든 과목의 수행평가가 대부분 글쓰기로 이루어진 것도 이와 같은 이유입니다. 글쓰기 수행평가를 통해 우리는 생각을 정리하고, 그 생각을 나눠볼 수 있습니다. 그것들이 쌓여 미래에 꼭 필요한 인재를 위한 역량을 기를 수 있습니다. 수행평가 글쓰기가 미래의 교육과정에서 가장 중요한 과정이 될 것입니다. 지금도 마찬가지지만 앞으로 수행평가 글쓰기의 중요성은 더 커지리라 예상됩니다.

2. 왜 수행평가를 준비해야 하나

우리 친구들, 초등학교에서도 수행평가를 하고 있지요? 선생님이 주제를 알려 주시거나 단원을 정해 주고 수행평가를 예고하실 거예요. 이제까지 그 단원에서 배운 내용들을 열심히 적어 내는 게 수행평가였지요. 선생님이 수행평가라고 이야기는 했지만 시험이라는 부담은 별로 없었을 겁니다. 평가라고 해서 크게 긴장하지도 않았을 거예요. 평소에 보는 단원평가 시험처럼 그렇게 많이 어렵지는 않았을 테니까요.

"중학교 수행평가, 까짓 거 뭐 하던 대로 하면 되겠지?"라고 생각하는 친구들도 많을 거예요. 그런데 어쩌죠. 중학교 수행평가는 그렇게 만만하지 않아요. 각 과목별로 모든 과목에 수행평가가 학기마다 있거든요. 예고를 하지만 쉽지는 않아요. 중학생이 된 만큼 수준도 높아지고 글쓰기 수행평가가 크게 늘어나기 때문이에요.

초등학교 때 글쓰기라고는 일기밖에 안 써본 친구들 많지요? 일기 15줄 채우기도 만만치 않았잖아요. 중학교는 교과별로 글쓰기로 수행평가를 해야 하니 부담이 이만저만이 아니랍니다. 게다가 수행평가 점수가 성적으로 그대로 드러나요. 성적표가 없었던 초등학교에 비해서 등수가 적혀 나오는 성적표는 아니지만요. '성적표'라는 이름이 적힌 종이를 받는 순간, 심장이 쿵쾅거리는 경험을 하게 될 거예요. 고등학교에서는 수행평가 비중이 더 늘어나요. 중학교와 비교도 안 될 만큼 내용도 깊어지고 범위도 넓어지죠. 중학교에서부터 차근차근 글쓰기 실력을 늘려가야 하는 이유예요. 이 책을 가지고 연습해서 자신감을 갖게 되면 중학교, 고등학교 수행평가까지 잘 치를 수 있을 거예요. 욕심을 낼 수밖에 없겠지요. 지금부터 차근차근 선생님의 안내대로 글을 쓰다 보면 수행평가가 자신 있어지는 날이 올 거예요. 우리 친구들 모두 파이팅!

3. 수행평가란 도대체 무엇인가.

　수행평가란 선생님이 학생들의 학습 과제 수행 및 결과를 직접 관찰하고 그 결과를 판단하는 평가입니다. 답을 선택하는 시험이 아니에요. 답을 직접 적거나 구상할 수 있도록 하는 것입니다. 수행평가는 학습과 수행의 과정을 하나하나 평가한다는 점에서 이전의 평가와 조금 다르죠.

　수행평가는 어떤 방식으로 이루어질까요? 수행평가에는 논술, 구술, 토의·토론, 프로젝트, 실험·실습, 포트폴리오, 자기평가와 동료평가의 방법이 있어요. 각각의 방법에 대해서 자세히 살펴볼게요.

유형	정의	특징 및 방법
논술	한 편의 완성된 글로 작성하는 방식으로 자신의 생각이나 주장을 논리적으로 작성해야 하므로 학생이 제시한 아이디어뿐만 아니라 조직이나 표현의 적절성 등을 함께 평가함.	학생이 답을 선택하는 것이 아니라 학생의 생각이나 의견을 직접 기술하기 때문에 창의성, 문제 해결력, 비판력, 통합력, 정보 수집 및 분석력 등의 고등 사고 능력을 평가하기에 적합함.
구술	특정 내용이나 주제에 대해서 자신의 의견이나 생각을 발표하도록 하여 학생의 준비도, 이해력, 표현력, 판단력, 의사소통 능력 등을 직접 평가하기 위해 활용하는 방법	특정 주제에 대하여 학생들에게 발표 준비를 하도록 한 후 발표에 대하여 평가함. 평가 범위만 미리 제시하고 구술평가를 시행할 때 평가자가 관련된 주제나 질문을 제시하고 학생이 답변하게 하여 평가함.
토의·토론	특정 주제에 대해 학생들이 서로 토론하고 토의하는 것을 관찰하여 평가하는 방법	서로 다른 의견을 제시할 수 있는 주제에 대해서 개인별 혹은 소집단별로 토론을 하도록 한 다음, 학생들이 사전에 준비한 자료의 다양성이나 적절성, 토론 내용의 논리성, 상대방의 의견을 존중하는 태도, 토론 진행 방법 등을 종합적으로 평가하는 방법

프로젝트	특정한 연구 과제나 산출물 개발 과제 등을 수행하도록 한 다음 프로젝트의 전 과정과 결과물(연구 보고서나 산출물)을 종합적으로 평가하는 방법	결과물과 함께 계획서 작성 단계에서부터 결과물 완성 단계에 이르는 전 과정도 함께 중시하여 평가함.
실험 · 실습	학생들이 직접 실험 · 실습을 하고 그에 대한 과정이나 결과에 대한 보고서를 쓰게 하고 제출된 보고서와 함께 교사가 관찰한 실험 · 실습 과정을 종합적으로 평가하는 방법	실험 · 실습을 위한 기자재의 조작 능력이나 태도, 지식을 적용하는 능력, 협력적 문제 해결 능력 등에 대해서 포괄적이면서도 종합적으로 평가함.
포트폴리오	학생이 산출한 작품을 체계적으로 누적하여 수집한 작품집 혹은 서류철을 이용한 평가 방법	학생의 강점이나 약점, 성실성, 잠재 가능성 등을 종합적으로 파악할 수 있고 학생의 성장 과정을 한눈에 볼 수 있어서 학생에게 유용한 피드백을 제공할 수 있음. 일회적인 평가가 아니라 학생 개개인의 변화와 발전 과정을 종합적으로 평가하기 위해 전체적이면서도 지속적으로 평가하는 것을 강조함.
자기 평가 / 동료 평가	자기평가: 수행 과정이나 학습 과정에 대하여 학생이 작성한 자기 평가 보고서를 토대로 하여 교사가 평가함. 동료평가: 동료 학생들이 상대방을 서로 평가한 동료평가 보고서를 토대로 하여 교사가 평가함.	학습자로 하여금 자신의 학습 준비도, 학습 동기, 성실성, 만족도, 다른 학습자들과의 관계, 성취 수준 등에 대해 스스로 생각하고 반성할 수 있는 기회를 제공함. 〈교육과정-수업-평가-기록의 일체화 연구회〉

4. 수행평가, 고득점을 받는 방법

다양한 유형의 수행평가 점수를 잘 맞으려면 어떻게 해야 할까요? 지금부터 수행평가에서 좋은 점수를 받는 비법을 알려줄게요.

하나. 평가 기준에 맞춰 쓰자.

수행평가에는 평가 기준이라는 것이 있어요. 내가 치르고 있는 수행평가의 기준은 학교 홈페이지나 학교 알리미 서비스에 들어가면 찾아볼 수 있답니다. 아래 수행평가 기준을 보면서 비교해 보세요. 상·중·하의 차이가 보이나요? 교육과정의 성취 기준에 제시되어 있는 것을 정확하게 표현하면 '상'을 받게 됩니다. 예시 문제에서는 생성 과정을 분류하고 순환 과정과 연결하여 설명할 수 있어야 해요. 분류만할 수 있다면 '중'입니다. 정확하게 암석을 분류할 수도 없다면 '하'를 받게 돼요. 차이를 알겠나요? 수행평가의 성취 기준에 해당하는 것을 정확하게 표현할 수 있어야 합니다. 수행평가를 치를 때 평가 기준이 무엇인지 확인하고 정확하게 표현하는 것이 무엇보다 중요해요.

교육과정 성취 기준		평가 기준
지각을 이루는 암석을 생성 과정에 따라 분류할 수 있으며, 암석의 순환 과정을 설명할 수 있다.	상	지각을 이루는 암석을 생성 과정에 따라 분류할 수 있고 이를 순환 과정과 관련지어 설명할 수 있다.
	중	암석의 특성을 알고 생성 과정에 따라 분류할 수 있다.
	하	암석의 생성 과정이 서로 다름을 설명할 수 있다.

둘. 수업 시간에 답이 있다.

어떻게 성취 기준에 있는 것을 다 표현할 수 있을까요? 답은 수업 시간에 있습니다. 교육과정의 성취 기준은 선생님이 수업 시간에 가르쳐 주어야 할 내용입니다. 그것을 학생들이 모두 익힐 수 있도록 해야 합니다. 선생님은 그 내용을 어떻게든 수업 시간에 다 알려 줄 거예요. 그래서 수업 시간이 중요하다는 겁니다. 수행평가가 아무리 어렵다 싶더라도 수업 시간에 집중하면 '중' 이상은 받을 수 있습니다.

수행평가는 과정 중심 평가에요. 수업 중간에 얼마나 바른 자세로 성실하게 과제에 임하는지를 평가하죠. 내용 표현의 풍부함과 함께 태도 점수도 큰 비중을 차지해요. 바른 수업 태도와 성실한 참여 자세가 필요하답니다.

셋. 맞춤법과 띄어쓰기는 맞춰 쓰자

어떤 글이든 맞춤법과 띄어쓰기가 정확한 글이 좋은 점수를 받겠지요. 요즘은 다양한 어휘를 활용하는 친구들이 많진 않아요. 독서량이 줄었잖아요. 영상을 많이 보니까요. 읽지 않으니 쓰는 건 더 어렵죠. 좋은 글의 기본은 무엇보다 맞춤법과 띄어쓰기랍니다. 아무리 좋은 내용을 담고 있어도 틀이 지저분하고 정돈되어 있지 않으면 싫어요. 읽고 싶지 않은 생각이 들겠지요. 아무리 좋은 친구라도 지저분하고 막말하는 친구와는 어울리고 싶지 않은 것과 같은 이치예요. 글에서는 겉모습을 드러내 주는 것이 맞춤법과 띄어쓰기에요. 이를 정확하게 쓰기 위해서는 평소에 조금씩이라도 책을 읽으면 좋겠어요.

유튜브를 보거나 게임하는 게 책 읽는 것보다 훨씬 재미있는 거 알아요. 선생님도 그런 걸요. 하지만 우리가 공부해 나가야 할 중·고등 과정이나 사회생활에서는 반드시 글을 읽고 쓰는 능력이 필요해요. 대학 수학 능력 시험을 유튜브 영상을 보고 푼다면 좋겠지만 아니죠. 시험지를 읽고 풀어야 하잖아요. 회사 보고서도 마찬가지죠. 글의 내용을 요약해서 집약적으로 나타낼 수 있어야 해요. 하루에 딱 10분이라도 좋으니 책을 읽었으면 좋겠어요. 오늘 배운 교과서 내용이라도 다시 읽어 보세요. 교과서만큼 많은 지식을 담은 좋은 책도 없으니까요. 다른 책을 굳이 읽고 싶지 않다면 교과서만이라도 읽어 보세요. 맞춤법과 띄어쓰기 실력을 늘리는 데 도움이 될 거예요.

수행평가 글쓰기가 대학을 결정한다

1017지 수행평가 주제 글쓰기 국어

1017지 수행평가 주제 글쓰기 영어

1017지 수행평가 주제 글쓰기 수학

1017지 수행평가 주제 글쓰기 과학

1017지 수행평가 주제 글쓰기 사회

1017지 수행평가 주제 글쓰기 기타

넷. 아는 내용을 잘 정리해서 쓰자.

'구슬이 서 말이라도 꿰어야 보배'라는 말이 있어요. 수행평가에서 요구하는 것이 그렇게 어려운 지식은 아니에요. 수업 시간에 배운 내용에 평소 알던 것들을 잘 정리해서 쓰기만 해도 된답니다. 너무 잘 써야 한다는 부담감이 독이 될 수 있어요. 내가 알고 있는 것을 잘 정리해서 쓴다는 생각으로 써 보세요.

정리할 때 하나, 둘, 셋 숫자를 붙여서 글을 쓰면 일목요연하게 보인답니다. 구성이 짜임새 있게 보이니까 활용해 보세요. 수업 시간에 배운 내용들을 정리해서 표현한다는 생각으로 쓰세요. 빨리 내버리고 끝내야겠다는 생각은 버리세요. 주어진 시간을 충분히 활용하세요. 다 쓰고 나서 평가 시간이 남았다면 자신이 쓴 글을 다시 한번 읽어보세요. 표현이 어색하거나 중복된 곳은 고쳐 써요. 훨씬 정돈된 글처럼 보이니까요.

글씨를 쓰거나 그림을 그려서 하는 수행평가라면 정성을 들여서 쓰고 그리세요. 또박또박 꾹꾹 눌러쓴 정성 어린 글씨보다 더 돋보이는 것은 없답니다. 못 그리는 그림이라도 성심성의껏 빈칸을 모두 채워 그리세요. 성의 있게 자신의 노력을 표현하는 방법이랍니다.

다섯. 다양한 경험을 살려 써라.

수행평가 주제가 주어지면 쓰기에 급급하지 말고 찬찬히 생각해 보세요. 생각을 정리하는 거죠. 그동안 경험했던 것들이나 책에서 읽은 내용과 연결할 수 있는지를 말이에요. 한두 개쯤은 경험한 것 중에서 소재를 찾을 수 있을 거예요. 특별하게 경험한 것이라든가 유독 잘 알고 있는 분야를 선택하면 도움이 되겠죠. 나만의 특별한 결과물을 만들 수 있을 테니까요. 경험한 것과 내 생각 중에서 가장 좋은 것을 골라서 재미있고 충실하게 써 보세요. 이제껏 학교생활에서 느꼈던 것, 책에서 읽은 내용, 부모님과 했던 체험들이 수행평가의 좋은 재료가 되어 줄 거예요. 나만의 특색 있고 독창성 있는 생각은 경험들 사이에 숨어 있어요. 나만이 생각할 수 있는 것들이니까요. 경험을 예로 들어 글로 적어 보세요. 반짝반짝 빛나는 멋진 소재가 되어 줄 거예요.

5. 수행평가 글쓰기가 대세다

수행평가에서 많이 등장하는 분야가 무엇일까요?

예를 들어 단대부속중학교의 중학교 1학년 수행평가 내용을 한번 살펴볼게요. 어떤 게 제일 많은지 맞춰 보세요.

교 과	평 가 내 용	
	평가 요소	평가 방법
국어	시 창작하기	활동지
	기사문 쓰기	활동지, 기사문 작성
사회	기후 마인드 맵 그리기	산출물 평가
	자연재해 신문 만들기	신문 제작
도덕	인물 탐구 보고서	보고서
	인생 그래프	보고서
수학	포트폴리오	포트폴리오
	교과서 형성평가	형성평가
과학	생물 분류	보고서, 관찰
	과학 관련 직업	보고서, 발표
기술 가정	도면 그리기	활동지
	청소년기 마인드 맵 그리기	산출물 평가
체육	플레이트 야구	형성평가
	음악 줄넘기	발표 및 시연
음악	음악 듣기평가	실음지필평가
	컵타 연주	실기평가
영어	자기소개 말하기	발표
	Lesson4. Small things, Big Differences 과거 경험 글쓰기	보고서
	전단원 듣기	듣기평가

수행평가 글쓰기가 대학을 결정한다

101가지 수행평가 주제 글쓰기 국어

101가지 수행평가 주제 글쓰기 영어

101가지 수행평가 주제 글쓰기 수학

101가지 수행평가 주제 글쓰기 과학

101가지 수행평가 주제 글쓰기 사회

101가지 수행평가 주제 글쓰기 기타

한문	처음 만나는 한문 자전의 활용과 필순 한자 쓰기	학습장 쓰기

  예체능 과목을 제외하고 가장 많이 보이는 평가 방법이 보이나요? 맞아요. 글쓰기입니다. 각종 보고서 작성하기, 기사문 쓰기, 시 창작하기, 신문 만들기 등이 보이죠. 이 학교만 그런 게 아니에요. 대부분의 중학교의 수행평가에 글쓰기 평가가 많아요. 물론 고등학교에 가면 더욱 많아질 거구요.

  좋은 글은 어떻게 쓸 수 있을까요?
  좋은 글은 많은 내용을 담으려고 욕심을 부리지 않습니다. 한 문단에 한 개의 내용만 담아도 충분합니다. 많은 내용을 쓰려고 노력하다 보면 내용이 산만해지기 쉽습니다. 이 얘기 했다 저 얘기 하는 느낌을 지우기가 어렵습니다. 욕심부리지 말고 한 꼭지에 하나만 전달한다는 생각으로 써 보세요.
  좋은 글은 쉽게 씁니다. 어려운 단어를 늘어놓거나 긴 문장으로 어렵게 쓰는 글이 결코 좋은 글이 아니에요. 문장의 길이가 길어지면 전하고자 하는 이야기를 이해하기가 어렵습니다. 주어와 서술어가 가까이 있는 문장이 많은 글이 쉽고 좋은 글입니다. 부사나 꾸미는 말이 많이 들어 있는 화려한 문장을 쓰려고 노력하지 않아도 됩니다. 쉽고 짧고 간결한 문장으로 쓰도록 해요.
  마지막으로 솔직한 글이 좋은 글입니다. 자신의 솔직한 심정을 그대로 드러내는 것이 좋습니다. 있어 보이는 척하거나 화려하게 꾸며서 쓴 글은 진실하지 않습니다. 내가 경험하고 생각한 것을 스토리텔링화(이야기화)해서 쓰면 됩니다. 특별한 경험이나 생각이 공감을 불러일으킵니다. 나만의 경험이나 생각을 누가 좋아할까 두려워하거나 망설일 필요 없습니다. 그것이 특별한 이야기입니다. 진실한 이야기는 힘이 강합니다. 나만의 솔직하고 진실한 이야기를 쓸 때 사람들을 감동시킬 수 있는 좋은 글이 될 것입니다.

6. 이 책의 활용법

이 책에는 중학교 1학년 실제 수행평가 주제들이 수록되어 있습니다. 학교마다 수행평가 내용이나 교과서 출판사가 다를 수 있어요. 내가 입학하는 중학교 수행평가 문제와 같을 수는 없습니다. 하지만 중학교 교육과정에서 다루는 내용은 어느 학교나 동일합니다. 수행평가 주제에 대해서 한 번 다뤄 보고 생각해 본 것은 큰 힘이 될 것입니다. 낯선 주제에 맞닥뜨려 글쓰기를 해야 할 때 당황하지 않게 해 줄 거예요. 미리 조금 쉬운 내용으로 연습해 보죠. 수행평가의 내용에 대해서 연습하는 것이 큰 도움이 될 거예요. 중학교 1학년 수행평가 주제에 대하여 다양한 방식의 글쓰기가 제시되어 있으니 도전해 보세요.

이 책을 잘 활용하려면

하나. 아래 다양한 주제 가운데 흥미 있는 주제를 먼저 선택합니다. 내가 먼저 쓰고 싶은 글부터 쓰기 시작하면 돼요. 하나 둘 쓰다 보면 글쓰기에 재미가 붙기 시작할 거예요. 그때 조금 더 어려운 주제로 글을 하나씩 써 나가면 됩니다.

둘. 각 주제별로 수행평가 글쓰기 팁이 쓰여 있어요. 어떻게 써야 할지 모를 때는 그 팁을 활용해서 글을 써 보세요. 막막했던 글쓰기가 조금 쉬워질 거예요. 선생님이 제시한 대로 글을 쓰다 보면 더 편하게 글쓰기를 할 수 있을 거예요. 용기를 내 보세요.

셋. 글쓰기를 하면서 잊지 말아야 할 것이 있어요. 정말 글을 못 쓰는데 잘할 수 있을까 싶은 친구들이 많을 텐데요. 걱정하지 마세요. 노력은 배신하지 않는답니다. 노력한 만큼 글쓰기 실력은 늘게 되어 있어요. 처음 선택해서 쓴 주제의 글과 마지막에 쓴 글을 비교해서 읽어 보세요. 글쓰기 실력이 늘어난 것을 스스로 확인할 수 있을 거예요. 가벼운 주제부터 시작해 보세요. 글쓰기에 흥미를 가지는 기회가 되어 줄 거예요.

넷. 여러분의 글쓰기에 도움을 주기 위해서 각 주제별로 생각 열기 주제를 가볍게 다뤄 보았어요. 본격적인 글쓰기에 앞서 생각을 떠올릴 수 있는 장치를 마련해 둔 거지요. 생각 열기 단계에서 자신의 생각들을 단어나 짧은 문장으로 적어 보세요. 글은 생각한 대로 마구 써 내려간다고 해서 잘 쓸 수는 없어요. 어떻게 쓸지를 곰곰이 정리해서 쓰는 글이 좋은 글이지요. 구상하는 단계로 생각 열기를 활용해

수행평가 글쓰기가
대학을 결정한다

10가지 수행평가 주제 글쓰기 국어

10가지 수행평가 주제 글쓰기 영어

10가지 수행평가 주제 글쓰기 수학

10가지 수행평가 주제 글쓰기 과학

10가지 수행평가 주제 글쓰기 사회

10가지 수행평가 주제 글쓰기 기타

보세요. 주제 글을 쓰는 데 도움이 될 겁니다. 서울 상위 중학교 수행평가 문제를 그대로 실었으니 연습해 보세요. 중학교 수행평가 준비에 큰 도움이 될 거예요.

101가지 수행평가
주제 글쓰기

Part 2

국어

새로운 교육과정
수행평가

101가지 수행평가 주제 글쓰기

국어

101가지 수행평가 주제 글쓰기

영어

101가지 수행평가 주제 글쓰기

수학

101가지 수행평가 주제 글쓰기

과학

101가지 수행평가 주제 글쓰기

사회

101가지 수행평가 주제 글쓰기

기타

주제 01 　　　　비밀 편지 쓰기

관련 주제: 필독 도서 읽고 독후 활동 (대원국제중)

〈생각 열기〉 아래의 《나의 라임오렌지 나무》 구절을 읽고, 나만 아는 비밀 친구를 상상하여 편지를 써 보세요.

> "언제나 자기들 말만 맞다고 그래. 내 말만 틀리대."
>
> "그렇지 않아. 네가 자세히 잘 보면 알 수 있을거야."
>
> 나는 깜짝 놀라 벌떡 일어나서 어린 나무를 자세히 살펴보았다. 지금까지 내가 사물들과 이야기할 수 있었던 것은 내 마음속의 작은 새가 말을 해주기 때문이라고 생각했는데 신기한 일이었다.
>
> "정말 네가 말을 하는 거니?"
>
> "내가 하는 말을 지금 듣고 있잖아?"
>
> 나무는 그렇게 말하고 나지막이 웃었다. 그러나 호기심은 나를 묶어 놓았다.
>
> "어디로 말하는 거니?"
>
> "나무는 몸 전체로 얘기해. 잎으로도 얘기하고 가지랑 뿌리로도 얘기해. 들어볼래? 그럼 귀를 내 몸에 대어 봐. 내 심장이 뛰는 소리가 들릴 거야."
>
> 난 조금 망설였으나 나무의 크기를 생각하니 두려움이 사라졌다. 귀를 대자 '턱턱' 하는 소리가 아련히 들렸다.

"들었어?"

"딱 하나만 말해 줄래? 다른 사람도 네가 얘기한다는 걸 알아?"

"아니. 오직 너만."

"정말?"

"맹세할 수 있어. 어떤 요정이 말해 주었어. 너처럼 작은 꼬마와 친구가 되면 말도 하게 되고 아주 행복해질 거라고 말이야."

꿀샘의 글쓰기 Tip

　책을 읽고 난 후에 감상문을 쓰려면 어떻게 써야 할지 어렵죠. 그때 좋은 방법이 있어요. 그 책을 친구에게 권하는 편지를 써 보는 겁니다. 또는 그 책에 나오는 내용을 소개하는 나만의 비밀 친구를 만드는 거예요. 비밀 친구에게 책 내용으로 수다를 떠는 거죠. 그러다 보면 나도 모르는 사이에 책에 대한 독후감이 완성될 거예요. 금새 써진 독후감에 스스로 놀라게 될 거예요. 내가 이렇게나 글을 잘 쓰다니 하고요. 진짜예요. 비밀 친구에게 책을 읽고 느낀 점을 맘껏 털어놔 보세요. 비밀 친구인 만큼 부끄럽거나 창피한 감정을 털어놔도 괜찮아요. 솔직한 마음을 쓰는 것이 진실한 글을 만들어 줄 거랍니다.

[나의 비밀 친구에게]

새로운 교육과정 수행평가

101가지 수행평가 주제 글쓰기 국어

101가지 수행평가 주제 글쓰기 영어

101가지 수행평가 주제 글쓰기 수학

101가지 수행평가 주제 글쓰기 과학

101가지 수행평가 주제 글쓰기 사회

101가지 수행평가 주제 글쓰기 기타

질문은 왜 어려울까?

관련 주제: 발표문에 관한 질의하기 (영훈국제중)

〈생각 열기〉 아래의 글을 읽고 내가 수업 시간에 질문을 못하는 이유를 5가지 이상 써 보세요.

오바마와 한국 기자들

"한국 기자들에게 질문권을 하나 드리고 싶군요, 정말 훌륭한 개최국 역할을 해 주었으니까요" 2010년 G20 서울정상회의 폐막식 현장에서 오바마의 질문권을 받은 한국 기자들은 결국 질문을 하나도 하지 못했다. 이게 과연 기자만의 문제일까? 그렇다면 우리는 왜 수업 시간에 질문을 하지 못할까?

 꿀샘의 글쓰기 Tip

질문하는 법을 생각하는 수행평가네요. 질문하는 법을 알기 전에 먼저 생각해 봐야 할 것이 있어요. 우리는 왜 수업 시간에 질문을 하지 못할까요? 용기가 없어서? 엉뚱한 질문을 던졌다는 친구들의 눈길이 두렵거나 비난이 무서워서? 내용을 듣지 않고 딴생각을 하거나 진짜로 어떤 생각도 없어서? 모르는게 없어서? 등등 여러 가지 이유를 생각할 수 있어요.

진정한 앎은 어디에서 올까요. 자신의 머리로 생각한 것을 입으로 질문할 때에요. 그 질문에 대한 답을 얻었을 때 자신의 진짜 생각이 커집니다. 질문하지 않는 사람은 새로운 깨달음을 얻기 어려워요. 우리가 책을 읽는다고 할 때 독서는 글로 쓰인 내용을 줄줄 읽는 것이 아니에요. 글을 읽고 그에 대해 질문하고 답을 찾아가는 과정이 바로 독서죠. 소설의 첫 부분에서 실마리가 주어졌을 때 그 것을 보면서 다음에 어떤 일이 일어날지 상상하는(머릿속으로 질문하는) 것이 바로 독서예요. 질문과 대답을 통해 독서의 즐거움을 얻게 되죠.

마찬가지로 발표하는 내용을 듣고 질문을 만들어 내고 물어볼 수 있는 연습이 필요해요. 부끄러워하지 마세요. 모르는 건 부끄러운 게 아니에요. 모르면서 아는 체하는 것이 정말 부끄러운 일이랍니다.

[수업 시간에 질문을 못하는 다섯 가지 이유]

새로운 교육과정 수행평가

101가지 수행평가 주제 글쓰기
국어

101가지 수행평가 주제 글쓰기
영어

101가지 수행평가 주제 글쓰기
수학

101가지 수행평가 주제 글쓰기
과학

101가지 수행평가 주제 글쓰기
사회

101가지 수행평가 주제 글쓰기
기타

나만의 연설 문구 만들기

• 관련 주제: 칼럼 요약하고 자기 생각 정리하기 (압구정중)

〈생각 열기〉 아래는 전 세계적으로 유명한 링컨의 게티즈버그 연설문 일부입니다. 연설문을 읽고 회장 선거에서 사용할 자신만의 연설 문구를 만들어 보세요.

팔십칠 년 전, 우리의 선조들은 이 대륙에 자유를 토대로 하고, 모든 이가 평등하다는 전제에 충실한 새 나라를 세웠습니다. 지금 우리는 격렬한 전쟁으로 인해 선조들의 헌신으로 세워진 나라가 존속될 수 있을지를 시험받고 있습니다. 우리는 이 격전지에 와 있습니다.

우리는 조국의 존속을 위해 목숨을 바친 영웅들에게 이 지역의 일부를 그들의 영원한 안식처로 봉헌하고자 이 자리에 오게 되었습니다. 영령들을 기리고 추모하는 것은 우리가 마땅히 해야 할 일입니다.

그러나 더 넓은 의미에서, 우리는 이 땅에 헌신할 수도, 이 땅을 신성하게 할 수도, 거룩하게 할 수도 없습니다. 이미 이 전투에 참여해 생존하거나 전사한 그 용맹한 군인들이 이곳을 성지로 만들었기 때문입니다.

세상은 우리가 이곳에서 말한 것에 주목하지 않을 것입니다. 하지만 그 용사들의 공적만큼은 영원히 간직할 것입니다. 이 땅에서 싸운 전사들의 희생으로 고귀하게 진행된 미완성의 과업에 헌신하는 것은 살아 있는 우리들의 몫입니다.

우리 앞에 놓인 숭고한 과업에 헌신해야 할 사람은 바로 우리입니다. 그리고 그들이 자신의 목숨을 명예롭게 바치면서까지 지키고자 했던 대의에 우리는 모두 함께 전념해야 합니다.

이 자리에서 이들의 죽음이 헛되지 않도록 우리 모두 다짐합시다. 이 나라는 하나님의 뜻에 따라 새로운 자유의 탄생을 맞이하게 될 것입니다. 그리고 이 땅에서 국민의, 국민에 의한, 국민을 위한 정치가 절대 사라지지 않도록 함께 협력합시다.

전 세계적으로 유명한 링컨의 연설문의 한 구절입니다. 연설문은 사람들 앞에서 정보를 전달하거나 영향을 주거나 즐겁게 하려는 의도로 쓰이는 글입니다. 군더더기 없이 조리 있게 쓰는 것이 중요하죠. 연설문에는 '누가 무엇을 누구에게 어떤 방법으로 효과적으로 전달할 것인가'가 드러나야 합니다. 단순히 정보를 전달하기보다는 청중의 마음을 움직이는 것이 중요하죠. 사람들의 마음을 움직이는 강력한 한마디가 있어야 한다는 건데요. 링컨의 연설문에서는 "국민에, 국민에 의한, 국민을 위한"이라는 문구가 강력하게 청중의 마음을 움직였습니다. 사람들이 아직까지도 두고두고 활용하고 있지요.

내가 만약 회장 선거에 나가게 된다면 어떨까요? 링컨처럼 유권자들의 마음을 움직일 한마디가 있으면 좋겠지요. 강력하면서도 잊히지 않는 문구 말이에요. 그런 문구를 한번 만들어 보자구요. 그러기 위해서는 내가 어떤 회장이 되고 싶은지부터 생각해 보면 좋겠어요.

재미있고 유쾌한 회장 어때요? 묵묵히 뒤에서 친구들을 서포트해 주는 회장도 있겠죠. 궂은 심부름을 모두 다 해 주는 회장이라면 친구들이 좋아할 거예요. 자신이 되고 싶은 회장의 모습이 어떤 건지 생각해 보세요. 거기에 맞게 선거 공약이나 문구를 만들어 보는 거예요. 재미있고 유쾌한 회장이라면 "어쩔티비 저쩔티비를 하하 티비로 만드는 재미있는 회장이 되겠습니다."라고 해 보는 거죠. 묵묵히 뒤에서 친구들을 서포트한다면? "거북이처럼 느리지만 성실한 회장"이라는 문구를 만들어 봐도 좋겠어요.

자신만의 개성과 메시지가 담긴 문구를 한번 만들어 보세요. 쑥스러워서 한 번도 회장 선거에 나가 보지 못한 친구있죠. 이번 기회를 통해서 친구들 앞에서 보는 상상을 하는 거예요. 벌써 친구들의 환호성과 박수 소리가 들리는 것 같지 않나요?

새로운 교육과정 수행평가

101가지 수행평가 주제 글쓰기

국어

101가지 수행평가 주제 글쓰기

영어

101가지 수행평가 주제 글쓰기

수학

101가지 수행평가 주제 글쓰기

과학

101가지 수행평가 주제 글쓰기

사회

101가지 수행평가 주제 글쓰기

기타

[전하고 싶은 내용]

[주장을 드러낼 결정적 문구]

[나의 연설문]

세토공 교육과정
수행평가

10가지 수행평가 주제 글쓰기 국어

10가지 수행평가 주제 글쓰기 영어

10가지 수행평가 주제 글쓰기 수학

10가지 수행평가 주제 글쓰기 과학

10가지 수행평가 주제 글쓰기 사회

10가지 수행평가 주제 글쓰기 기타

주제 04 　나의 인생 그래프 그리기

관련 주제: 나의 성찰 그래프 만들기 (압구정중)

〈생각 열기〉 내 인생 그래프를 그려 보세요.

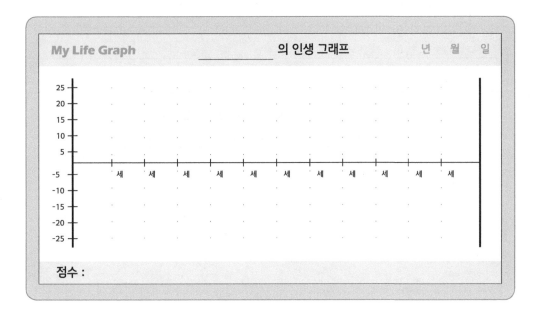

꿀샘의 글쓰기 Tip

　앞으로 삶을 구상하고 인생 그래프를 그려 보는 문제입니다. 지금까지 가장 행복했던 순간을 떠올려 보세요. 언제 왜 그런 마음이 들었나요? 힘들었던 순간도 생각해 보세요. 그때 무엇이 얼마만큼 힘들었는지 가만히 생각해 보세요. 이제까지의 삶을 인생 그래프로 일단 그려 보세요. 행복했던 순간에 가장 높은 점수를 줄 수 있겠죠. 힘들었던 순간에는 낮아질 거구요. 딱히 그런 기억이 없다면 직선형의 그래프가 만들어질 거예요.

　앞으로 나의 인생 그래프를 상상해 볼까요? 내 생각에 가장 힘들 것 같은 때는 언제인가요? 가까운 가족의 삶을 잘 생각해 보세요. 엄마를 보니 동생 낳았을 때 힘들어했나요? 할머니를 보면 70세가 넘어 아프시니 힘들어하시구요. 손자 손녀를 봤을 때 행복해하셨을 수도 있어요. 그분들의 삶을 물어보세요. 여러 가지 경험에 대한 이야기가 나오겠죠. 그 경험들을 나의 인생에 대입해 보는 겁니다. 내 인생에서 어떨 때 가장 행복하고 언제 가장 힘들까 하구요. 먼 미래의 내 인생을 생각해 볼 기회가 없었을 거예요. 이 글쓰기 과제를 통해서 내 인생 전체를 그려 보세요. 살고 싶은 삶이 보일 거예요. 내가 추구하는 인생의 모습도 생각해 볼 수 있겠지요. 어떻게 인생을 살고 싶은지 생각해 보는 좋은 기회가 될 거예요.

[내 인생 그래프에서 가장 높은 점수와
낮은 점수를 받을 시기에 대해서 설명하는 글을 써 보세요.]

주제 05 — 비속어의 속뜻

관련 주제: 바른 언어 생활 (압구정중)

〈생각 열기〉 친구들이 자주 사용하는 비속어나 욕의 뜻을 적어 보세요.

꿀샘의 글쓰기 Tip

비속어란 격이 낮고 속된 말을 의미합니다. 사용하면 자신의 격이 떨어지는 말이라고 할 수 있지요. 친구들 사이에서 흔하게 비속어를 사용해요. 친구가 쓰니까 생각 없이 따라 쓰는 경우가 많죠. 욕도 마찬가지일 거예요. 비속어나 욕의 진짜 뜻을 알고도 따라 쓸 수 있을까요? 이 책을 읽는 친구들은 비속어를 거의 쓰지 않을 거예요. 주위에서 친구들이 쓰는 말을 한두 번 들어본 적은 있겠지요. 이번 기회에 욕과 비속어의 진짜 뜻을 알아보세요. 친구들에게 그 뜻을 살짝 알려주세요. 그 뜻을 제대로 알고서도 계속 그 말을 쓰기는 쉽지 않을 거예요. 무턱대고 잘난 체하면서 훈계하라는 말이 아니에요. 친구가 매너와 자기 품격을 지킬 수 있도록 알려 주라는 거죠.

이 문제를 내면서 선생님도 욕의 뜻을 찾아봤어요. 절대 이 책에 예시로 들

국어 | 41

고 싶지 않을 만큼 너무 무서운 뜻이더라구요. 우리 친구들도 아마 깜짝 놀랄 거예요. 욕이나 비속어의 뜻을 찾아보면서 알게 될 거예요. 무심코 뱉었던, 들었던 욕이 얼마나 무시무시한 뜻이었는지 말이에요. 바르고 고운말을 쓰는 데 이것보다 도움이 되는 활동이 없어요. 욕을 찾아 쓰라는 뜻이 아니에요. 이번 기회에 욕을 제대로 알아보자구요. 욕을 꼭 써야 하는 경우도 생각해 보세요. 그래야 친구들이 욕을 쓰더라도 휩쓸리지 않을 수 있답니다. 친구들이 생각 없이 욕이나 비속어를 쓴다고 따라 쓰지 않기 위해서 욕에 대해 확실히 알아봅시다.

[비속어 사용에 대하여 찬반의 의견을 선택하고
이유를 세 가지 이상 써 보세요.]

새로운 교육과정 수행평가

101가지 수행평가 주제 글쓰기

국어

101가지 수행평가 주제 글쓰기

영어

101가지 수행평가 주제 글쓰기

수학

101가지 수행평가 주제 글쓰기

과학

101가지 수행평가 주제 글쓰기

사회

101가지 수행평가 주제 글쓰기

기타

주제 06 삼행시 짓기

관련 주제: 시 창작하기 (단대부중)

〈생각 열기〉 내 이름이나 가족 이름으로 삼행시를 지어 보세요.

 꿀샘의 글쓰기 Tip

　시는 자신의 정서와 감정을 말하는 사람의 입을 통해서 전달하죠. 함축적인 언어로 독자들에게 전달하는 문학인데요. 산문과 달리 압축된 형식을 중요시 해요. 운율을 통해 전달하기 때문에 글이지만 음악적인 요소가 있죠. 그림으로 그리는 것처럼 묘사하기 때문에 회화적인 요소도 있어요. 작가의 생각을 담기 때문에 의미도 담는 문학 장르예요.

　시에선 색이나 명암, 모양, 움직임들을 나타내면서 시각을 활용하죠. 소리를 통해 나타내고 냄새를 활용해서 표현하기도 해요. 미각이나 촉각을 활용하거나 한꺼번에 두 개 이상의 감각을 활용해서 나타내기도 하죠. 표현하고자 하는 대상을 다른 사물에 빗대어 표현하는 비유가 많이 쓰여요. 추상적인 내용을 구체적인 사물로 표현하는 상징이나 반대되는 것으로 표현하는 반어나 역설도 표현 방법이에요. 함축적이기 때문에 시를 쓰는 것이 어렵다고 느껴질 거예요.

간단하게 삼행시부터 시작해 보도록 하죠. 전체적으로 내 이름이나 가족의 이름에 어떤 이미지를 담고 싶은지를 생각하세요. 여러 단어를 갖다 붙여 말을 만드는 거예요. 처음에는 말이 안 될지도 몰라요. "왜 이리 어려워……" 하고 포기하고 싶을지도 몰라요. 하다 보면, "어라? 말이 되네" 하는 순간이 있을 거예요. 그때 시를 짓는 시인의 기쁨을 느낄 수 있어요. 그럴싸하게 쓰는 삼행시부터 시작하는 겁니다. 누가 알아요. 이렇게 시작해서 나중에 진짜 유명한 시인이 될지요?

[삼행시를 지으면서 느꼈던 점을 통해 시를 짓는 방법에 대해 적어 보세요.]

주말에 있었던 일로 기사문 쓰기

관련 주제: 기사문 쓰기 (단대부중)

〈생각 열기〉 주말에 있었던 일로 기사를 써 보세요.

꿀샘의 글쓰기 Tip

　기사문을 작성할 때는 육하원칙에 맞춰 써야 합니다. 누가, 언제. 어디서, 무엇을, 어떻게, 왜 했는지가 빠짐없이 드러나야 합니다. 한눈에 봐도 사건을 정확하게 파악할 수 있다면 좋은 기사문입니다. 좋은 기사를 작성하기 위해서는 어떻게 해야 할까요? 평소에 기사를 읽으면서 분석을 하는 것이 도움이 될 거예요. 인터넷에서 기사문을 쉽게 접할 수 있잖아요. 좋은 기사문을 골라서 분석해 보는 거죠. 요즘은 격에 맞지 않거나 문장 구성이 허술한 기사문도 종종 있으니 선별해서 골라야 해요. 잘 쓴 기사문을 읽고 분석하다 보면 내가 작성하는 기사문에도 도움을 받을 수 있답니다.

기사문을 작성하기 전에 몇 가지 기사를 읽고 분석해 보세요. 한 가지 기사문에서 좋았던 내용을 뽑아 두었다가 내 기사문에 활용해 봐도 좋습니다. 그런 표현들이 쌓여서 나의 글을 훨씬 더 멋지게 만들어 줄 거예요. 좋은 글을 쓰는 것은 멋진 글을 많이 읽는 것부터 시작됩니다. 생활에서 좋은 글들을 많이 읽고 캡처하거나 메모해 두세요. 자신이 필요할 때 좋은 글을 쓸 수 있는 자양분이 되어 줄 거예요.

[내가 쓴 기사문을 육하원칙에 맞게 분석해 보세요.]

[누가]

[언제]

[어디서]

[무엇을]

[어떻게]

[왜]

새로운 교육과정 수행평가

101가지 수행평가 주제 글쓰기

국어

101가지 수행평가 주제 글쓰기

영어

101가지 수행평가 주제 글쓰기

수학

101가지 수행평가 주제 글쓰기

과학

101가지 수행평가 주제 글쓰기

사회

101가지 수행평가 주제 글쓰기

기타

주제 08 　　　　　　　　**내 인생을 영화로 만들기**

관련 주제: 매체 특성을 고려하여 표현하기 (단대부중)

〈**생각 열기**〉 내가 영화감독이라고 생각하고 '내 인생의 명장면'이란 영화 시나리오를 계획해 보세요.

[주제]

[등장인물]

[배경]

[주요 사건]

시나리오는 영화나 드라마를 위해 쓰인 대본을 말합니다. 시나리오는 장면 표시, 대사, 지시문, 해설로 나뉩니다. 해설은 첫머리에 인물이나 배경을 소개하는 글입니다. 장면 번호(#)로 표현되는 장면은 사건의 배경을 설명할 때 쓰입니다. 등장인물이 주고받는 말이나 혼잣말은 대사로 표현이 되죠. 인물의 표정이나 동작, 말투, 장면 묘사, 카메라의 위치, 조명, 음향 등은 지시문으로 나타냅니다.

시나리오는 사건과 갈등의 실마리를 제시하는 발단으로 시작합니다. 갈등이 시작되는 상승 단계를 거쳐 최고조에 이르는 절정에 다다릅니다. 갈등 해결의 실마리가 제시되는 하강을 지나 해소되는 대단원으로 막을 내립니다.

내 인생의 명장면이라 부를 한 장면을 떠올려 봅니다. 내가 기억하는 행복한 순간, 혹은 가장 감동적인 순간 말입니다. 최악의 장면만 떠오른다면 그것도 좋습니다. 누가 등장했었는지 배경은 어땠는지 떠올려 보세요. 상황을 세세하게 적는 것부터 시나리오 작성은 시작합니다. 가장 극적인 한 장면을 골라 시나리오를 써 보는 겁니다. 그때 느꼈던 감정을 그린다고 생각해 보세요. 긴 지문이 아니더라도 상황을 직접적으로 나타낼 수 있는 한 장면이면 충분합니다. 거기서부터 시나리오의 맛을 느낄 수 있을 테니까요.

문학 작품을 쓸 때 가장 희열을 느끼는 순간은 바로 이때입니다. 문학 작품의 모든 장치를 마치 신처럼 정할 수 있습니다. 대사 한마디, 상황 하나하나 내가 정하는 대로 흘러갑니다. 남의 눈을 의식할 필요 없습니다. 내가 생각하는 것이 정답입니다. 마음껏 한 장면을 그려 보세요. 상상력을 더해서 적어도 좋습니다. 지금은 내가 감독입니다. 모든 것이 내 마음대로입니다. 제일 재미있는 상황을 얼마든지 상상해서 적어 보세요. 그 과정이 정말 행복할 거예요.

[한 장면을 정해서 지문을 써 보세요.]

〈내 인생의 명장면〉

해설)

#1

[등장인물]

[대사]

새로운 교육과정 수행평가

101가지 수행평가 주제별 글쓰기 국어

101가지 수행평가 주제별 글쓰기 영어

101가지 수행평가 주제별 글쓰기 수학

101가지 수행평가 주제별 글쓰기 과학

101가지 수행평가 주제별 글쓰기 사회

101가지 수행평가 주제별 글쓰기 기타

문장 쓰고 품사 찾기

관련 주제: 품사의 종류와 특성 이해하기 (단대부중)

〈생각 열기〉오늘 하루 동안 들었거나 말한 문장 중에 다섯 문장을 골라 적어 보세요. 그 문장에서 품사를 분석해 보세요. 가장 많이 사용하는 품사는 무엇인지 적어 보세요.

예시) 나는 급식 시간이 제일 좋아.

나/대명사, 는/조사, 급식/명사, 시간/명사, 이/조사, 제일/부사, 좋아/형용사

1.

2.

3.

4.

5.

가장 많이 쓰인 품사

　품사의 종류와 특성을 이해하기 위한 수행평가예요. 품사는 체언에 명사, 대명사, 수사가 있어요. 수식언에는 관형사와 부사가 있죠. 용언에는 동사와 형용사가 있습니다. 관계언에는 조사가 독립언에는 감탄사가 있어요.

　이름을 나타내는 명사, 명사를 대신하는 대명사, 숫자를 나타내는 수사, 이 셋은 몸체라서 체언입니다. 체언 뒤에 붙는 조사 관계언, 체언을 꾸며 주는 관형사, 용언을 꾸며 주는 부사, 관형사와 부사는 수식언이죠. 느낌, 놀람 감탄사는 독립언, 움직임을 나타내는 동사, 형태나 모양은 형용사, 동사와 형용사는 용언이랍니다. 잘 모르겠으면 유튜브에 '품사송'을 검색해서 들어 보세요. 품사송을 부르다 보면 품사의 종류와 특성을 잘 이해할 수 있어요.

　품사 중에서 가장 중요하다고 생각하는 품사는 무엇인가요? 우리가 사용하는 일상 문장에서 가장 많이 쓰이는 품사를 찾아보고 생각해 보세요. 평소에 의식 없이 사용했던 문장들을 꼼꼼히 들여다보는 것이 국어 공부의 시작이랍니다. 생각 없이 사용했지만 그 문장 안에 우리 국어의 규칙이나 특성이 잘 드러나니까요. 우리말에 대해 관심을 갖는 것이 우리글을 공부하는 것의 시작이랍니다.

[품사 중에서 가장 중요하다고 생각하는 품사를 적고 이유를 써 보세요.]

새로운 교육과정 수행평가

101가지 수행평가 주제 글쓰기

국어

101가지 수행평가 주제 글쓰기

영어

101가지 수행평가 주제 글쓰기

수학

101가지 수행평가 주제 글쓰기

과학

101가지 수행평가 주제 글쓰기

사회

101가지 수행평가 주제 글쓰기

기타

용돈 사용 계획 작성하기

관련 주제: 개요 작성하여 글쓰기 (대명중)

〈생각 열기〉 나의 용돈 사용 계획에 대한 개요를 작성해 보세요.

🐝 꿀샘의 글쓰기 Tip

'개요 작성하여 글쓰기'를 하는 수행평가네요. 개요란 중요한 내용들을 간결하게 추려낸 것이에요. 쉽게 말하자면 핵심 내용을 뜻해요. 예를 들어 우리가 생선을 먹는다고 생각해 볼까요. 생선의 한 가운데에 생선을 지탱하고 있는 큰 가시들이 있죠? 그 큰 가시들에 살을 붙이면 물고기 모양이 되는 것과 같아요. 글에서도 뼈대를 이루고 있는 부분이 개요에요. 어떤 핵심적인 내용들을 기본 골격으로 삼고 거기에 살을 붙여서 완성하는 거죠. 처음-중간-끝세 부분으로 나누어 세분화하는 방법들도 있죠. 생각나는 대로 적은 다음 같은 내용이나 항목끼리 묶거나, 번호를 쓰면서 나누는 방법들이 있어요.

내가 용돈을 받아야 하는 이유와 쓰이는 곳은 어떤 개요로 작성하는 게 좋을까요? 친구들은 얼마나 용돈을 받고 있는지로 처음을 시작해 보면 어때요? 친구들이 얼마만큼의 빈도로 용돈을 받는지 말이에요. 그걸 쓰다 보면 부모님도 용돈이 필요한 시기가 되었구나 생각하게 되실 거예요.

다음으로 용돈이 쓰이는 곳을 구체적으로 적어 보세요. 번호를 붙여 쭉 나열해 보는 거죠. 세세히 적으세요. 부모님도 다양하게 용돈이 필요한 상황이 있었는지 모르셨을 거예요. 마지막으로 용돈을 아껴 쓰겠다는 다짐을 써 보면 어때요. 부모님이 당장이라도 용돈을 주고 싶은 마음이 생기시지 않을까요. 내 용돈의 쓰임새와 필요성에 대해서 생각해 볼 수 있는 소중한 시간이 되지 않을까 싶네요.

[개요서를 바탕으로 부모님께 용돈 사용 계획에 관한 편지를 써 보세요.]

새로운 교육과정 수행평가

101가지 수행평가 주제 글쓰기

국어

101가지 수행평가 주제 글쓰기

영어

101가지 수행평가 주제 글쓰기

수학

101가지 수행평가 주제 글쓰기

과학

101가지 수행평가 주제 글쓰기

사회

101가지 수행평가 주제 글쓰기

기타

전기 아껴 쓰는 법

관련 주제: NIE를 활용하여 세상 읽기 (대명중)

〈생각 열기〉 아래의 글의 중심 내용을 한 문장으로 요약해서 적어 보세요.

여름마다 반복되는 사상 최악의 전력 대란. 세계 각국은 유래 없는 폭염에 전력 수급 불안으로 블랙아웃을 걱정하고 있다. 세계 여러 나라에서 이미 섭씨 40도를 넘는 폭염이 발생했기 때문이다. 정부가 내놓은 대책은 학교 같은 공공기관 실내온도 낮추기, 일반 가정의 전력 소비량에 따른 누진제*(많이 쓸수록 요금이 급격히 많아지는)를 사용하게 한다. 우리나라 정부는 요금 인상밖에는 대책이 없다며 걱정이다. 사회 취약 계층은 폭염으로 인한 전력 대란으로 전기 요금이 인상될 경우 무더위를 이겨낼 대책이 시급한 상황이다.

요약 :

신문을 활용하여 세상을 알아 보는 내용이에요. 종이신문보다는 포털에 검색되는 기사들이 대부분인데요. 기자의 어떤 시각을 가지고 취재한 내용도 있지만, 다른 기사를 그대로 베껴 쓰는 기사문도 있어요. 선별해서 기사를 골라야 해요. 이번 수행평가 주제는 전력 대란을 위한 대책이에요. 전력 대란을 위해 어떤 대책들은 내놓고 있는지 찾아봐야겠죠? 여름철에 특히나 전력 대란에 대한 기사들이 많이 등장하는데요. 전력 대란을 막을 방법으로 제시하고 있는 방안들이 적합한지 또 다른 대안은 없는지 생각해 보세요. 기사를 무조건 믿고 인용하면 본인의 생각이 없는 거나 마찬가지예요. 기사를 읽었을 때는 이 기사는 과연 어떤 입장에서 썼는지 봐야 해요. 누가 무슨 관점을 가지고 갖고 있는지 판단하면서 읽어야 해요. 신문이나 기사를 읽으면서 자신의 판단을 하고 소신 있게 목소리를 내는 것이 바로 이 수행평가의 핵심이죠.

예를 들어 전 세계적으로 관심이 집중되고 있는 지구 온난화 및 기후 변화에 따른 문제점을 생각해 보세요. 지구 온난화를 막을 수 없다고는 하지만, 할 수 있는 방법을 생각해 볼 수 있겠지요. 음식 쓰레기 줄이기나 플라스틱 컵 대신 텀블러 사용하기 등 내가 활용할 수 있어요. 가까이에서 작게 나부터 실천할 수 있는 방법들이 있습니다.

전력 대란에 대비하는 것도 마찬가지예요. 세계적인 문제이며 내가 전기를 만들 수도 폭염을 없앨 수도 없지요. 하지만 나부터 전기를 조금씩 아껴 쓰는 방법은 생각해 볼 수 있겠지요. 생활에서 실천 가능하면서 불편하지 않은 방법을 생각해 보세요. 다 쓴 플러그를 뽑는 건 어떨까요? 에어컨을 트는 대신 선풍기 여러 대를 사용하는 것도 방법이겠지요. 에어컨을 써야 한다면 온도를 낮추고 켰다 컸다 하지 않고 그 상태를 유지하는 것도 방법이에요. 냉장고 문을 너무 오래 열고 있는 것도 전기 낭비를 일으키는 주범이지요. 냉장고에서 물건을 한꺼번에 꺼내는 것도 전기를 아낄 수 있는 방법이랍니다. 어때요? 생각보다 어렵지 않지요. 내가 할 수 있는 또 다른 방법이 뭐가 있을까 곰곰이 생각해 보세요. 우리가 살아가야 할 지구와 전 세계 사람들에게 도움이 되는 일, 내가 작게 실천할 수 있답니다. 자신만의 독특한 생활에 적용 가능한 방법들을 적어 보세요.

[위의 글을 읽고 전기를 아낄 수 있는 나만의 방법을 하나 제시해 보세요.]

새로운 교육과정 수행평가

10가지 수행평가 주제 글쓰기 국어

10가지 수행평가 주제 글쓰기 영어

10가지 수행평가 주제 글쓰기 수학

10가지 수행평가 주제 글쓰기 과학

10가지 수행평가 주제 글쓰기 사회

10가지 수행평가 주제 글쓰기 기타

주제 12 · 광고 스토리보드 만들기

관련 주제: 스토리보드 제작 (목일중)

〈생각 열기〉 즐겨 보는 광고에 대해 적어 보세요.

광고 상품	광고 내용	재미있었던 점

가장 재미있게 본 광고가 있나요? 그 줄거리를 스토리보드로 만들어 봅시다. 스토리보드란 영상을 찍을 때 대사나 카메라의 각도나 워킹, 내용, 편집 내용, 시간 등을 간단하게 스케치나 글로 나타내는 거예요. 스토리보드는 영화나 광고, 애니메이션뿐만 아니라 텔레비전이나 게임 이벤트 기획까지 모든 영상 분야에서 사용돼요. 가장 기초적이면서도 필수적인 도구예요. 스토리보드는 다양한 양식을 가질 수 있는데요. 보통은 영화의 한 장면을 찍는 거라고 생각하면 좋지요. 예를 들어 어떤 장면을 찍을 것인지 먼저 결정합니다. 그 장면에서 보이는 내용으로 정지 화면을 결정해요. 그 정지 화면이 뜻하는 내용을 적고, 어떤 음향 효과를 넣을 것인지 결정하죠. 마지막으로 그 화면을 보여줄 시간을 결정하면 됩니다. 이게 하나의 과정이죠. 이 단계들을 계속 연결하면 스토리보드가 됩니다.

우리가 영화감독도 아니고 광고를 찍어 본 적도 없잖아요. 영상 촬영 용어가 익숙하지 않을 거예요. 전문 용어는 사용하지 않더라도요. 컷별로 내용과 카메라가 어떤 각도에서 찍었는지를 분석해 보면 좋겠어요. 생각 없이 광고를 보던 때와 분석하며 광고를 대할 때는 확실히 다르답니다. 컷을 집중해서 보고 카메라가 어떤 각도에서 찍었는지를 분석하게 되니까요. 왜 이 각도에서 찍었을까 분석하며 보는 재미가 있답니다. 내용을 최대한 잘 표현하기 위해서 어떤 장치를 숨겨 두었나 찾아보세요.

광고란 짧은 시간에 자신의 제품 이미지를 돋보이게 하는 게 목표잖아요. 그 목적을 이루기 위한 장치들을 배치하고 활용하는 방법을 찾는 거죠. 그러다 보면 알 수 있을 거예요. "하고자 하는 말을 어떻게 전달할 때 의미가 잘 전달이 되겠구나." 하고 말이에요. 이런 분석 활동들을 통해 매력적인 의사 전달 방법에 대해 익힐 수 있다면 더더욱 좋겠습니다.

[즐겨 보는 광고의 내용을 스토리 보드로 만들어 보세요.]

광고 이름 :

S#	스케치	내용	카메라	편집	시간

새로운 교육과정 수행평가

101가지 수행평가 주제 글쓰기 국어

101가지 수행평가 주제 글쓰기 영어

101가지 수행평가 주제 글쓰기 수학

101가지 수행평가 주제 글쓰기 과학

101가지 수행평가 주제 글쓰기 사회

101가지 수행평가 주제 글쓰기 기타

문제와 해결 방안 작성하기

관련 주제: 문제를 찾고 해결 방안 작성하기 (대왕중)

〈생각 열기〉 다음에 제시하는 글을 읽고 문제가 무엇인지 찾아보세요.

영화 〈설국열차〉를 보면 기차는 달리고, 기계 안의 부품들이 손상되어 더 이상 부품 생산이 불가능할 때 기계 안으로 아이들이 들어간다. 아동 노동은 〈설국열차〉에서만 이루어지는 환상일까? 팜유, 원두커피, 축구공, 스마트폰 등을 주로 생산하는 사람은 누구일까?

 꿀샘의 글쓰기 Tip

　글에서 문제를 뽑아내고 그 문제에 대한 해결책을 찾는 연습이네요. 문제의 핵심을 한 가지로 이야기할 수 있는 경우도 있죠, 한 가지 이상의 문제를 안고 있는 경우도 많아요. 위의 이야기는 어떤 문제들을 나누고 싶어 할까요? 문제의 정답은 있는 걸까요? 정답이 없다고 할지라도 그 정답을 찾기 위해 여러 가지 방면의 대답을 찾아보는 것이 이 문제의 핵심이겠지요. 하나의 문제에 대한 하나의 대답보다 더욱 중요한 것은요 어떤 현상은 한 개의 원인으로만 일어나지 않는다는 사실을 아는 거예요. 문제의 복잡한 원인을 찾아내는 것과 그 해결 방안을 다양하게 제시하는 것이 바로 문제 해결력의 시작점이 되는 거죠.

[위에서 제시한 문제점에 대해 쓰고 해결 방법을 적어 보세요.]

새로운 교육과정 수행평가

101가지 수행평가 주제 글쓰기 국어

101가지 수행평가 주제 글쓰기 영어

101가지 수행평가 주제 글쓰기 수학

101가지 수행평가 주제 글쓰기 과학

101가지 수행평가 주제 글쓰기 사회

101가지 수행평가 주제 글쓰기 기타

동화 〈강아지똥〉 재구성하기

관련 주제: 원작 재구성하기 (대왕중)

〈생각 열기〉 동화 〈강아지똥〉의 내용을 간단하게 요약해서 써 보세요.

원작을 재구성하는 방법에는 여러 가지가 있어요. 첫 번째 원작의 내용을 바꿔 보는 방법이 있죠. 가장 많이 사용해요. 결말을 바꾼다거나, 등장인물의 성격을 바꾸기도 해요. 표현 방식이나 형식을 바꾸는 방법도 있어요. 소설을 시로 쓴다거나 시를 소설로 바꾸기도 하죠. 매체에 변화를 주어 새로운 작품으로 만드는 방법도 있어요. 소설을 영화로 만드는 경우도 있고, 연극이나 뮤지컬로 만들기도 하죠. 원작을 재구성하는 방법은 무궁무진하게 많아요. 그래서 우리들은 주인공을 바꿔서 '신놀부전'이나 '신흥부전'이라고 하죠. 때로는 판소리로 공연되기도 하고, 연극으로 영화로 다양하게 재구성되기도 하죠. 여러분은 어떤 재구성 방법을 선택할 건가요?

먼저 바꾸고 싶은 것이 내용인지, 표현 방식이나 형식인지 생각해 보세요. 처음엔 가벼운 상상부터 시작하세요. 결말이나 등장인물의 성격 등을 아주 조금만 바꿔 보는 거죠. 살짝 바꿔서 내용이 괜찮다 싶으면 더 변형해 보세요. 한꺼번에 짜잔 하고 완성품을 만들기는 쉽지 않으니까요. 조금씩 변화를 주면서 바꾸다 보면 재미를 느낄 수 있을 거예요. 생각지도 못했던 기발한 아이디어가 떠오르기도 할 거구요. 〈강아지똥〉처럼 감동을 주는 글을 재미있고 유머러스한 글로 바꾼다면 정말 뿌듯할 거 같지 않나요. 천릿길도 한 걸음부터라고 하잖아요. 작은 부분부터 바꿔서 시작하세요.그 변화를 조금씩 늘리다 보면 여러분만의 독특한 재미가 있는 글로 변신시킬 수 있을 거예요.

[동화 〈강아지똥〉을 재구성해서 써 보세요.]

동화 읽고 독서 신문 만들기

관련 주제: 독서 신문 만들기 (목운중)

〈생각 열기〉 〈나의 라임 오렌지 나무〉의 내용을 간단하게 정리해서 써 보세요.

새로운 교육과정 수행평가

10가지 수행평가 주제 글쓰기
국어

10가지 수행평가 주제 글쓰기
영어

10가지 수행평가 주제 글쓰기
수학

10가지 수행평가 주제 글쓰기
과학

10가지 수행평가 주제 글쓰기
사회

10가지 수행평가 주제 글쓰기
기타

책을 읽고 독서 신문을 만드는 수행평가입니다. 기사는 보도 기사와 해설, 의견 기사로 나눌 수 있어요. 보도 기사는 사실을 객관적으로 전달하며 육하원칙을 기본으로 해요. 스트레이트 기사라고도 하죠. 해설 기사는 보도 기사를 보충하는 형식이에요. 보도 내용의 배경과 원인을 설명해 주거나 전망을 이야기해 주죠. 의견 기사는 특정 사안에 대해 주관적인 해석이나 주장을 담고 있는 기사예요. 사설, 칼럼, 비평 등을 이야기하죠.

독서 신문을 만들 때 어떤 류의 기사를 쓸 것인지 결정을 해야 해요. 어떤 사건을 중심으로 쓸 것인지를 결정하면 방향이 정해지겠죠. 신문을 구성하는 요소들에는 여러 가지가 있어요. 기사, 사진, 만화, 광고, 그래픽과 표, 기자 등 6가지 정도로 구성되어 있죠.

사진을 넣으면 좋은데 어떤 사진은 말보다 훨씬 효과적이에요. 예를 들면 4·19혁명의 도화선이 된 건 김주열 열사의 사진 한 장이었어요. 사진 한 장의 힘이 대단했죠. 만화도 가능해요. 만화는 4컷 만화가 들어가는 게 좋아요. 특정한 주제를 압축해서 표현하는 한 컷 짜리도 괜찮아요. 광고는 광고주가 상품이나 서비스 등을 홍보하는 형태를 많이 사용해요. 그래픽과 표를 넣어서 시각적 효과를 전달하고, 비교하는 것도 좋은 방법이에요. 마지막으로 신문을 만든 사람, 기자의 이름을 넣으면 되겠죠?

내가 전하고자 하는 내용이 사진이나 만화, 광고나 그래픽, 표 중에서 어떤 요소와 잘 어울리는지 판단해 보세요. 〈나의 라임 오렌지 나무〉 같은 경우는 문학 작품이잖아요. 어떤 요소들이 이 작품의 매력과 장점을 최대한으로 끌어낼지 생각하고 써 보세요.

[〈나의 라임 오렌지 나무〉로 독서 신문을 만들어 보세요.]

| **좋아하는 인물 소개하기**

관련 주제: 소개하기 (목운중)

〈생각 열기〉 내가 좋아하는 친구의 특징을 적어 보세요.

 꿀샘의 글쓰기 Tip

　　좋아하는 인물을 소개하는 수행평가입니다. 학년 초에 과목 선생님들이 자기소개를 하라고 하는 경우가 많죠. 매번 똑같은 내용으로 자기소개하기를 계속하다 보면 지루할 수 있어요. 재미있는 요소를 추가해 보세요. 좋아하는 친구의 특징을 활용해서 나를 소개한다면 효과적으로 글을 쓸 수 있어요. 인물을 고른 이유를 이야기하고, 인물의 특징과 좋아하는 이유, 인물과 나와의 인연을 나열하면 좋아요. 친구 이야기에서부터 시작하는 거죠. 좋아하는 친구 이야기를 하다 보면 내가 좋아하는 인물의 특징을 알게 될 거예요.

　　그다음 수행평가에 활용하는 겁니다. 내가 좋아하는 인물의 특징을 친구와 연결해서 말이죠. 이렇게 하면 인물의 생애 중에서 꼭 소개하고 싶은 대목을 찾기 쉬울 거예요. 인물의 업적을 통해 전달하고 싶은 게 뭔지를 담아 주면 더욱 좋겠죠. 인물을 소개하면서 인물에 대한 자신의 감정을 함께 전달하면 좋은 인상을 줄 수 있을 거예요.

[자기가 가장 좋아하는 인물을 소개하는 글을 써 보세요.]

새로운 교육과정 수행평가

101가지 수행평가 주제 글쓰기

국어

101가지 수행평가 주제 글쓰기

영어

101가지 수행평가 주제 글쓰기

수학

101가지 수행평가 주제 글쓰기

과학

101가지 수행평가 주제 글쓰기

사회

101가지 수행평가 주제 글쓰기

기타

나의 희망 진로 신문 만들기

관련 주제: 진로 신문 만들기 (원촌중)

〈생각 열기〉 나의 희망 진로에 대해서 적어 보세요.

꿀샘의 글쓰기 Tip

　진로에 대해 고민하고 진로 신문을 만들어 보는 수행평가입니다. 진로 신문의 장점은 진로와 직업에 대해 생각해 보는 계기를 마련하는 거예요. 친구들이 만든 진로 신문을 보면서 내가 만든 신문과 비교해 보세요. 다양한 직업과 진로가 있다는 사실을 알게 해 주는 평가이면서 교육이기도 해요. 본인이 관심이 있는 진로나 직업을 찾아서 진로 신문을 만들어 보세요.

　신문 제목을 정하고, 관심 있는 분야의 전문가를 찾아서 조사하거나 인터뷰하는 방법을 써요. 그 분야의 사람들이 어떤 일을 하는지도 조사해 보고요. 흥미로운 점이나 유의해야 할 점이 있는지도 찾아봐요. 이 진로에 관심을 가진 이유가 있다면 적어 보세요. 앞으로의 전망과 방향도 적어 주면 좋겠죠? 다른 관련 있는 내용들도 찾아서 팁으로 기록해 준다면 진로 신문으로 적절할 것 같네요.

[나의 희망 진로 신문을 만들어 보세요.]

새로운 교육과정 수행평가

10가지 수행평가 주제 글쓰기

국어

10가지 수행평가 주제 글쓰기

영어

10가지 수행평가 주제 글쓰기

수학

10가지 수행평가 주제 글쓰기

과학

10가지 수행평가 주제 글쓰기

사회

10가지 수행평가 주제 글쓰기

기타

주제 18　　　시 창작과 시화 그리기

관련 주제: 시 창작 및 시화 그리기 (경원중)

〈생각 열기〉 시로 쓰고 싶은 내용에 대해서 적어 보세요.

　시는 마음속에 떠오르는 생각을 리듬이 있는 언어로 짧게 표현하는 문학입니다. 시는 읽으면서 어떤 이미지가 그려지게 쓰면 좋습니다. 쓰고 싶은 한 장면을 생각하고 그림을 그리듯이 이미지화해요. 그 장면을 톡톡 튀는 언어로 표현하는 거예요. 쉽지 않을 거 같죠? 간단한 방법이 있어요. 같은 말을 반복해서 쓰는 거예요. '나는 나는 누구일까?' 어때요. 반복 표현을 통해서 자연스럽게 리듬감이 살아나잖아요. 글자 수를 맞추는 것도 방법이에요. '엄마 엄마 이리와. 아빠 아빠 요것 봐'같은 식으로 말이에요. 비슷한 문장 구조를 반복해도 좋아요. '나는 네가 좋아서. 너는 바람이 좋아서'라는 방식이죠. 반복을 통해서 리듬감을 쉽게 표현할 수 있어요.

　시는 짧은 글 가운데 내용을 전달해야 해요. 압축해서 표현하는 게 좋아요. 내가 말하고 싶은 주제를 짧게 생각해 보세요. 엄마랑 아빠랑 같이 있어서 행복하다는 느낌을 표현하고 싶다면 그 아름다운 장면을 상상하세요. 엄마 아빠랑 같이 그네를 타면서 노는 장면이라면 그 모습을 시로 써 보세요. 눈으로 보는 것처럼 표현해도 좋고, 그네 타는 소리를 강조해도 됩니다. 냄새로 표현하거나 피부에 닿는 것처럼 표현하는 방법도 있지요. 두 가지 감각을 한꺼번에 사용해서 표현해도 좋아요. 길지 않은 시라서 쉬울 거라고 생각하지만 짧기 때문에 어려울 수 있어요. 짧게 하고 싶은 말을 줄이는 연습을 해보세요. 상상했던 이미지를 시화에 그려 보면 더욱 멋진 시가 완성 될 거예요.

새로운 교육과정 수행평가

101가지 수행평가 주제 글쓰기

국어

101가지 수행평가 주제 글쓰기 영어

101가지 수행평가 주제 글쓰기 수학

101가지 수행평가 주제 글쓰기 과학

101가지 수행평가 주제 글쓰기 사회

101가지 수행평가 주제 글쓰기 기타

[세 줄 시를 지어 보고 그에 어울리는 시화를 그려 보세요.]

세로운 교육과정
수행평가

101가지 수행평가 주제 글쓰기
국어

101가지 수행평가 주제 글쓰기
영어

101가지 수행평가 주제 글쓰기
수학

101가지 수행평가 주제 글쓰기
과학

101가지 수행평가 주제 글쓰기
사회

101가지 수행평가 주제 글쓰기
기타

주제 19	어휘 사전 만들기

관련 주제: 어휘 사전 만들기 (경원중)

〈**생각 열기**〉 내가 매일 자주 사용하는 단어를 열 개 적어 보세요.

꿀샘의 글쓰기 Tip

　어휘력은 마음대로 쓸 수 있는 능력입니다. 어휘력은 어휘의 의미와 어감을 알고 상황에 맞게 쓸 수 있을 때 성장합니다. 뜻을 아는 것으로 끝나는 것이 아닙니다. 상황에 맞게 어휘를 사용할 수 있어야 합니다. 어휘력을 높이기 위해서 나만의 어휘 사전을 만들어 보는 과제입니다.

　국어책을 보고 모르는 단어를 찾아보는 겁니다. 사전에서 뜻을 찾아 적고 어휘가 활용된 문장을 찾아 씁니다. 어휘가 어떤 식으로 활용이 되는지를 확인하게 됩니다. 덧붙여서 나만의 어휘 활용 공간을 만들어 보세요. 교과서에 활용된 문장 말고 그 어휘를 활용해서 문장을 만들어 보는 겁니다. 그럴 때 진짜 어휘의 뜻에 대해 깊이 있게 생각할 수 있거든요. 그 과정을 통해서 어휘를 진짜 활용할 수 있게 됩니다. 나만의 어휘 사전을 만들어 보는 거예요. 영어가 단어 싸움이듯이 국어도 마찬가지예요. 많은 어휘를 알고 제대로 활용할 때 국어 공부가 재미있어집니다. 나만의 어휘 사전에 어떤 단어들이 담겨서 활용될지 기대해 보겠습니다.

[중1 국어 단원 중 하나를 골라 어휘 사전을 만들어 보세요.]

관련 주제: 자료 찾으며 책 읽기 (진선여중)

〈생각 열기〉 글쓰기 방법에 관한 책을 열 권 찾아 제목을 적어 보세요. 제목에 드러난 글을 잘 쓰는 방법을 찾아서 표시해 보세요.

꿀샘의 글쓰기 Tip

　수행평가 글쓰기 과제들을 해 보면서 느낀 점이 하나 있지요? 글쓰기가 얼마나 중요한가 하는 점이에요. 선생님이 재미있고 간단하게 설명하려고 노력은 했는데 어때요? 실제적으로 글을 써 보는 과정이 쉽지 않을 거예요. 진땀을 흘리고 있을 거 같은데요. 글을 잘 쓰기 위해서 도대체 무엇이 필요한지 스스로 찾아보도록 해 봅시다. 글 잘 쓰는 법, 글쓰기에 관한 책들이 아주 많으니까요. 그 책 중에서 마음에 드는 책 한 권을 골라 보세요.

새로운 교육과정 수행평가

101가지 수행평가 주제 글쓰기 국어

101가지 수행평가 주제 글쓰기 영어

101가지 수행평가 주제 글쓰기 수학

101가지 수행평가 주제 글쓰기 과학

101가지 수행평가 주제 글쓰기 사회

101가지 수행평가 주제 글쓰기 기타

책을 잘 읽고 글 잘 쓰는 방법을 세 가지 이상 적어 보는 겁니다. 스스로 글 쓰는 법을 알고 쓰는 것이 훨씬 효율적일 거예요. 선생님이 가르쳐 준 것보다요. 스스로 자료를 찾아보는 연습을 해 보세요. 과제들을 해결해 가는 과정에서 그 스킬들을 활용해 보세요. 스스로 찾은 방법들이 도움이 될 거예요. 책에서 읽은 것들을 실제 글쓰기에 활용하며 발전하기 바랍니다.

**[글쓰기 방법에 관한 책을 찾아 읽고
글 잘 쓰는 법을 세 가지 이상 적어 보세요.]**

언어의 본질 설명하기

관련 주제: 언어의 본질에 대한 설명 글쓰기 (진선여중)

〈생각 열기〉 설명 잘하는 법을 생각해서 적어 보세요.

새로운 교육과정 수행평가

101가지 수행평가 주제 글쓰기

국어

101가지 수행평가 주제 글쓰기

영어

101가지 수행평가 주제 글쓰기

수학

101가지 수행평가 주제 글쓰기

과학

101가지 수행평가 주제 글쓰기

사회

101가지 수행평가 주제 글쓰기

기타

설명문이란 어떤 사물의 이치나 현상, 지식이나 정보 등을 알기 쉽게 풀이하여 독자가 그 대상을 정확하고 쉽게 이해할 수 있도록 쓴 글입니다. 설명문은 객관적인 입장에서 사실을 전달해야 합니다. 쉽게 써서 누구나 이해할 수 있어야 하죠. 정확한 언어를 써서 확실하게 전달해야 합니다. 머리말-본문-맺음말의 구성을 통해 체계적으로 글을 쓰는 게 중요하죠. 머리말에는 설명하는 대상이나 목적, 방법, 글을 쓰게 된 동기에 대해서 씁니다. 무엇보다 읽는 사람이 관심을 가지고 글에 빠져들 수 있도록 하는 게 중요합니다. 본문에는 대상을 구체적으로 설명합니다. 맺음말에는 본문에서 설명한 내용을 요약하고 정리하죠.

설명의 방법에는 정의가 있습니다. '무엇은 무엇이다.'로 설명하는 방법입니다. 비교와 대조도 있습니다. 비교는 두 개 이상의 사물의 공통점을 설명하는 거예요. 대조는 대상의 차이점 위주로 설명합니다. 구체적인 예를 들어 설명하는 예시도 있습니다. 일정한 기준에 따라서 분류하면서 설명하는 방법도 있지요.

언어의 본질에 대한 설명문은 어떤 방법을 쓰는 게 좋을까요? 언어의 성질에 대해서 설명하면서 정의의 방법을 사용할 수 있겠네요. 언어의 자의성, 사회성, 역사성, 창조성의 네 가지 특징에 대해서 객관적이고 쉽게 설명하는 거죠. 각각의 특징을 살펴보면서 예시를 들 수도 있을 거예요. 여러분이 편하게 설명할 수 있는 방법을 택하면 됩니다. 예를 들어 언어의 창조성을 설명한다면 어떻게 할까요? 있던 언어에서 새로운 단어나 문장을 만들어 내는 것을 창조성이라고 하지요. 우리가 사용하는 신조어가 해당이 되겠네요. 그 부분을 예시로 언어의 창조성에 대해서 설명하면 이해하기 쉽겠지요. 생활과 밀접하고 쉬운 예를 통해서 설명문을 써 보세요. 언어의 본질이라는 쉽지 않은 주제에 대해서도 가볍게 접근할 수 있을 거예요.

[언어의 본질에 관해서 설명하는 글을 써 보세요.]

새로운 교육과정 수행평가

101가지 수행평가 주제 글쓰기 국어

101가지 수행평가 주제 글쓰기 영어

101가지 수행평가 주제 글쓰기 수학

101가지 수행평가 주제 글쓰기 과학

101가지 수행평가 주제 글쓰기 사회

101가지 수행평가 주제 글쓰기 기타

갈등이 있는 글쓰기

관련 주제: 갈등이 드러나는 글쓰기 (세화여중)

〈생각 열기〉 하루 일상에서 갈등이 일어나는 일들은 어떤 것들이 있는지 적어 보세요.

꿀샘의 글쓰기 Tip

　갈등은 소설에서 드러나요. 갈등이 없는 글은 재미가 없죠. 갈등이란 인물의 심리 속에서 일어나거나 혹은 인물 사이에서 발생해요. 한 사람의 마음속에서 결정하지 못하고 갈팡질팡하는 갈등이 있죠. 사람과 사람, 사람과 환경 사이에서 발생하는 갈등도 있어요. 개인과 개인 간의 갈등, 개인과 사회와의 갈등, 개인과 운명의 갈림길에서 오는 갈등이 오기도 해요. 이 중에서 어떤 갈등을 선택할지를 정해 봐요.

　가장 쓰기 쉬운 것은 생활에서 만나는 갈등일 거예요. 공부를 해야 하는데 게임을 하고 싶은 마음은 누구에게나 쉽게 일어나는 갈등이죠. 내 안에서 일어나는 내적 갈등에 해당돼요. 내가 공부를 하지 않은 것으로 인해 엄마가 화를 낸다면 개인 간의 갈등입니다. 공부를 안 함으로써 반에서 무시를 당한다거나 성적이 낮게 나와서 갈등이 생길 수도 있어요. 이런 외적 갈등을 주제로 삼을 수도 있죠. 내가 매일 만나는 갈등 중에서 무엇을 주제로 삼을지 생각해서 글을 써 보세요. 흔하게 일어나는 갈등의 해법을 찾을 수 있는 기회가 될 거예요.

[갈등을 하나 설정하고 그 갈등을 해결할 방법을 생각해서 적어 보세요.]

새로운 교육과정 수행평가

101가지 수행평가 주제 글쓰기
국어

101가지 수행평가 주제 글쓰기
영어

101가지 수행평가 주제 글쓰기
수학

101가지 수행평가 주제 글쓰기
과학

101가지 수행평가 주제 글쓰기
사회

101가지 수행평가 주제 글쓰기
기타

| 주제 23 | 경험 담은 글쓰기 |

관련 주제: 경험을 담은 글쓰기 (월촌중)

〈생각 열기〉 이번 달에 겪었던 경험 중에 기억에 남는 일과 이유를 적어보세요.

경험	특별했던 이유

경험을 글로 써보는 것은 어떤 의미가 있을까요? 인생을 살면서 소개하고 싶은 이야기라면 기억 속에 강하게 자리 잡고 있는 사건일 텐데요. 그 사건에 대해서 글을 쓰면서 자신을 돌아볼 수 있는 기회가 됩니다. 왜 그 사건이 내 뇌리에 강력하게 자리 잡았을까 의미를 떠올려 보는 겁니다. 내가 중요하게 생각하는 가치관과 의미에 대해 생각하게 되는 것이지요.

경험을 나타내는 글을 쓸 때는 감동이나 즐거움 등 그 경험에서 느낀 감정이 잘 드러나는지 생각하며 씁니다. 감정이 극대화되어 표현될 수 있도록 글을 쓰는 것이 좋습니다. 그래야 읽는 사람도 그 감정을 고스란히 느낄 수 있거든요. 독자에게 공감을 받았을 때의 기쁨은 매우 큽니다. 글이 자신의 감정을 해소해 주는 역할과 더불어 갖고 있는 치유 능력이지요.

경험을 담은 글쓰기는 솔직하게 씁니다. 기억은 필요에 따라 왜곡될 수 있습니다. 내 모습이 아름답도록 기억한 후 서술할 수 있지요. 객관적인 자기화를 통해 글을 쓰는 게 중요해요. 부끄럽거나 창피한 경험일수록 더 그렇습니다. 자신을 속이지 않고 솔직한 감정을 그대로 드러낼 때 매력적인 글이 됩니다. 살면서 가장 인상 깊었던 경험을 적어 보세요. 재미있는 시간이 될 것입니다.

새로운 교육과정 수행평가

101가지 수행평가 주제 글쓰기 국어

101가지 수행평가 주제 글쓰기 영어

101가지 수행평가 주제 글쓰기 수학

101가지 수행평가 주제 글쓰기 과학

101가지 수행평가 주제 글쓰기 사회

101가지 수행평가 주제 글쓰기 기타

[내 경험 중에서 가장 소개하고 싶은 이야기를 하나 써 보세요.]

세로운 교육과정
수행평가

101가지 수행평가 주제 글쓰기

국어

101가지 수행평가 주제 글쓰기

영어

101가지 수행평가 주제 글쓰기

수학

101가지 수행평가 주제 글쓰기

과학

101가지 수행평가 주제 글쓰기

사회

101가지 수행평가 주제 글쓰기

기타

| 주제 24 | 나의 성장 기록 |

관련 주제: 나의 성장 기록 만들기 (월촌중)

〈생각 열기〉 내 성장 과정을 그래프로 그려 보세요.

🐝 꿀샘의 글쓰기 Tip

　내 인생 성장 그래프라니 뭔가 거창한 기분이 들죠. 몇 해 살지도 않았는데요. 다 잘 기억나지도 않는데 성장 그래프를 그리라니 의외일 수도 있어요. 내 인생에 대해서 생각해 보세요. 내가 주인공이 되어 나의 삶을 판단한다면 어떤 삶이었는지 말이죠. 과거의 기억은 왜곡되기 쉬워요. 어릴 적 경험은 더 그렇죠. 전반적으로 만족한 삶이었다고 생각하나요. 높은 점수를 준다면 현재의 내 모습이 행복해서 일 거예요. 현재가 고통스럽다면 과거의 어떤 경험들이 나를 힘들게 만들었는지 생각해 보세요. 인생 그래프를 그리기가 훨씬 더 쉬워질 거예요.

　굳이 행복한 기억을 꺼내어 적어 보는 이유도 그거예요. 지금 내 삶이 힘들고 무기력하다고 해도 행복했던 기억이 하나쯤은 있겠죠. 그 기억 안에서 삶의 평정을 찾으라는 거죠. 지금은 힘들어도 그 기억이 나중에 아름다운 기억으로 추억될 수 있으니까요. 글을 통해서 짧지만 아름다웠던 나의 인생을 되돌아보는 건 의미가 있답니다.

힘들었던 기억으로 가득 차 있다고 해도 그 순간들에서 작지만 소소한 행복을 찾아내는 눈을 길러 보세요. 세상은 어떤 시각으로 보느냐에 따라 다르게 보인답니다.

[내 삶에서 가장 행복했던 시기에 대해 소개하고 이유를 설명해 보세요.]

새로운 교육과정 수행평가

10가지 수행평가 주제 글쓰기

국어

10가지 수행평가 주제 글쓰기

영어

10가지 수행평가 주제 글쓰기

수학

10가지 수행평가 주제 글쓰기

과학

10가지 수행평가 주제 글쓰기

사회

10가지 수행평가 주제 글쓰기

기타

| 주제 25 | 나의 좋은 점 수필 쓰기 |

관련 주제: 나는 내가 좋아 수필 쓰기 (봉은중)

〈**생각 열기**〉 가족이나 친구에게 나의 장점을 물어 보고 적어 보세요.

 꿀샘의 글쓰기 Tip

　수필은 자신의 경험을 바탕으로 얻은 생각이나 느낌을 형식이나 내용에 제한을 받지 않고 자유롭게 쓴 글이에요. 일기나 편지, 기행문 등이 해당되지요. 전문가가 아니라 누구나 쉽게 쓸 수 있는 글이며 자유로운 편이에요. 생활 속 모든 것이 소재가 될 수 있지요. 나로 서술되며 수필 속의 주인공은 글쓴이가 되지요. 자신의 생각을 적기 때문에 주관적이며 고백적이에요. 자신만의 생활 방식이나 가치관, 말투 등이 그대로 드러나기 때문에 어떤 글보다 개성이 있지요.

　나의 좋은 점에 대한 수필을 작성하는 과제예요. 막상 나의 장점을 적어 보자니 잘 떠오르지 않을 거예요. 딱히 잘하는 것도 없고 자랑할 것도 없지요. 단점은 어때요? 단점은 주변에서 지적받은 것들이 있기 때문에 쉽게 떠오를 거예요. 그거 아세요? 나의 단점이 곧 장점이 된다는 사실 말이죠. 성격이 너무 느려서 하나의 과제를 완성하는 데 시간이 오래 걸리는 친구가 있어요. 그 친구는 느린 처리 방식을 단점으로 지적을 받죠. 역으로 생각해 보면 느린 게 장점이 돼요. 느린 건 신중함을 의미해요. 진중하고 깊이가 있죠. 섣불리 행동하지 않아서 무게가 있고 믿음이 가거든요. 장점이 곧 단점이요. 단점이 장점이라는 말이 이해가 되지요. 이런 방식으로 나의 단점이라 생각했던 부분을 장점으로 적어 보세요. 나를 새롭게 바라볼 수 있는 눈이 생길 거예요.

[나의 좋은 점에 대하여 세 가지 이상 써 보세요.]

세로운 교육과정
수행평가

10가지 수행평가 주제 글쓰기

국어

10가지 수행평가 주제 글쓰기
영어

10가지 수행평가 주제 글쓰기
수학

10가지 수행평가 주제 글쓰기
과학

10가지 수행평가 주제 글쓰기
사회

10가지 수행평가 주제 글쓰기
기타

| 주제 26 | 내 삶의 한 편의 수필 쓰기 |

관련 주제: 삶의 경험을 바탕으로 한 수필 쓰기 (을지중)

〈생각 열기〉슬픔을 생각하면 떠오르는 단어를 적어 보세요.

 꿀샘의 글쓰기 Tip

　수필에는 경수필과 중수필이 있어요. 일상에서 경험한 것, 느낌이나 생각을 적는 편지나 기행문이 경수필이지요. 이는 체험적이고 개성적, 주관적, 신변잡기적인 특징이 있어요. 친근하고 가벼운 느낌을 주죠. 중수필은 비교적 보편적인 사회 문제에 대해 쓰는 수필이에요. 칼럼이나 평론이지요. 논리적이고 비평적인 특징이 있어요. 구조가 체계적이고 객관적인 근거를 바탕으로 글을 쓰게 되어 있어요.

　내 인생에서 가장 슬펐던 일이라면 경수필에 해당이 되겠지요. 비교적 자유롭게 자신의 느낌을 드러내는 글이므로 많이 어렵지는 않을 거예요. 슬픔이라는 감정은 강렬하게 남잖아요. 글을 쓰면서 그때 상황을 떠올려 보세요. 담담하게 그때 상황을 적어 내려가 보세요. 너무 아프고 슬픈 내용이라 꺼내기가 고민될 수 있어요. 그럴 땐 글쓰기의 치유의 힘을 믿어 보세요. 글을 써 내려가는 것만으로도 감정을 치유하고 돌봐 주는 효과가 있어요. 가슴속 어려웠던 이야기를 풀어내 보세요. 마음 깊은 곳 아픔을 달래는 데 도움이 될 거예요.

[내 인생에서 가장 슬펐던 일에 대해 써 보세요.]

새로운 교육과정
수행평가

101가지 수행평가 주제 글쓰기
국어

101가지 수행평가 주제 글쓰기
영어

101가지 수행평가 주제 글쓰기
수학

101가지 수행평가 주제 글쓰기
과학

101가지 수행평가 주제 글쓰기
사회

101가지 수행평가 주제 글쓰기
기타

Part 2

101가지 수행평가 주제 글쓰기

영어

주제 27	나의 여행 기록 남기기

관련 주제: 나의 여행기 쓰기 (압구정중)

〈생각 열기〉 기억에 남는 여행지와 이유를 적어 보세요.

여행지	이유

여행하면서 보고, 듣고, 느낀 것을 기록한 글을 기행문이라고 합니다. 여행의 과정에서 새롭게 보고 생각한 것, 감동적이었던 점을 적어 두는 글이죠. 기행문에는 견문과 여정이 드러납니다. 보거나 듣거나 하여 깨달아 얻은 지식을 견문이라고 해요. 여행의 과정이나 일정을 여정이라 부릅니다.

개인적으로 느꼈던 경험이나 느낌이기에 특별한 글이에요. 다른 사람의 판단과 관계없이 써도 좋은 글이죠. 나만의 특별한 기억과 느낌을 적어 보세요. 그때 느꼈던 감정을 솔직하게 쓸수록 매력 있는 글이 된답니다. 그것을 진정성이라고 하지요. 진실한 느낌을 적을수록 독자는 그 느낌을 공유할 수 있어요. 보고 듣고 느낀 것을 그림 그리듯이 자세히 묘사해 보세요. 어떤 일이 있었는지 구체적으로 적으면 좋습니다.

여행지에 관한 정보는 정확하지 않으면 한 번 더 검색해 보고 적는 게 좋겠지요. 이런 과정을 통해서 여행을 정리해 보면 아주 좋습니다. 개인적으로 일기를 적어 자신의 삶을 정리하듯이 말이에요. 여행갈 때마다 새롭게 느꼈던 것들을 적어두는 여행 일기를 써 보세요. 여행에서 특별한 경험을 찾고 느끼는 데 도움이 될 거예요. 평범한 일상도 특별하게 만들어 주는 것은 세상을 바라보는 나의 관점입니다. 똑같은 여행이라도 여정이나 견문을 정리하기 시작하면 훨씬 풍부하게 느껴질 거예요.

[내 기억에서 가장 행복했던 여행 이야기를 써 보세요.]

새로운 교육과정 수행평가

101가지 수행평가 주제 글쓰기 국어

101가지 수행평가 주제 글쓰기 영어

101가지 수행평가 주제 글쓰기 수학

101가지 수행평가 주제 글쓰기 과학

101가지 수행평가 주제 글쓰기 사회

101가지 수행평가 주제 글쓰기 기타

자기를 소개하는 글

관련 주제: 자기소개하기 (단대부중)

〈생각 열기〉 친구에게 소개하고 싶은 나에 대한 정보를 적어 보세요.

　나는 어떤 사람인가요? 한마디로 정의할 수 있을까요? 나를 한마디로 정의 한다면 어떤 단어로 정리할 수 있을지 생각해 보세요. 쉽지 않을 거예요. 딱 부러지진 않아도 미묘하게 나와 잘 어울리는 단어가 있을 거예요. 그것이 나를 대표하는 이미지겠지요. 그 이미지를 떠올리며 자기소개하는 글을 써 볼까요?

　자기소개는 다른 사람에게 내가 어떤 사람인지를 알리는 글이에요. 나만의 특별한 성장 과정이나 성격, 가치관, 재능과 특기, 학교생활 등을 표현하죠. 진실하게 쓰는 게 중요해요. 내가 생각하는 나의 장점뿐 아니라 부족한 점이나 노력해야 할 상황 등에 대해서 써도 괜찮습니다. 인간미가 느껴지고 진실하게 다가와서 좋답니다.

　자기소개하는 글을 쓰다 보면 막막할 수도 있어요. 내가 나를 잘 안다고 생각했는데 아니었던 거죠. 어쩌면 내가 내 모습을 가장 잘 모를 수도 있거든요. 어려울 때는 가족이나 가까운 친구들에게 물어보는 것도 좋은 방법이에요. 자기소개서를 써보면서 타인이 생각하는 나와 내가 생각하는 내 모습을 비교해 볼 수 있는 좋은 기회니까요.

　평소에 내가 좋아하는 것이나 관심 있는 것에 대해서 깊이 생각해 본 적이 있나요? 내가 어떤 사람일까 생각해 보는 일이 많지는 않았을 거예요. 이번 기회를 통해서 나 자신에 대해서 깊이 있게 생각해 보기 바랍니다. 나를 잘 아는 사람이 된다는 건 앞으로 인생에 있어서 중요한 출발점일 수 있답니다.

새로운 교육과정 수행평가

101가지 수행평가 주제 글쓰기 국어

101가지 수행평가 주제 글쓰기 영어

101가지 수행평가 주제 글쓰기 수학

101가지 수행평가 주제 글쓰기 과학

101가지 수행평가 주제 글쓰기 사회

101가지 수행평가 주제 글쓰기 기타

집중! 파고들기!

[나를 소개하는 글을 써 보세요.]

나의 장래 희망

〈생각 열기〉 어릴 때부터 나의 장래 희망이 어떻게 변화했는지 그 과정을 써 보세요.

새로운 교육과정
수행평가

101가지 수행평가 주제 글쓰기
국어

101가지 수행평가 주제 글쓰기
영어

101가지 수행평가 주제 글쓰기
수학

101가지 수행평가 주제 글쓰기
과학

101가지 수행평가 주제 글쓰기
사회

101가지 수행평가 주제 글쓰기
기타

장래 희망하면 무엇이 떠오르나요? 어떤 직업이 먼저 떠오를 거예요. 판사라든지 의사를 하면서 살고 있는 나의 미래 모습 말이죠. 판사나 의사가 되는 것보다 더 중요한 것이 있어요. 바로 어떤 판사나 의사가 되느냐죠. 우리는 장래 희망하면 쉽게 직업을 떠올립니다. 직업이 장래 희망의 전부는 아니에요. 장래 희망이라면 내가 앞으로 어떤 삶을 살고 싶은지 생각해 보는 거예요. 의사라면 직접적으로 생명을 살리며 도움을 주는 의사도 있겠죠. 삶의 질을 향상시켜 주는 것에서 보람을 찾는 의사도 있을 테구요. 여러 가지 형태의 가치를 가진 의사가 존재할 거예요. 그중에서 나는 어떤 의사가 되고 싶은가를 써 보세요.

그러기 위해선 어떤 삶을 살고 싶은지 생각해 봐야겠죠. 추구하는 삶의 방향 말이에요. 타인과 조화를 이루면서 행복을 추구하고 싶은 사람도 있어요. 자신을 끊임없이 변화하고 발전시켜 가는 삶을 살고 싶기도 하겠죠. 나에게 가치 있는 인생이란 어떤 것인지를 생각해 보세요. 그에 맞게 관련된 직업이나 삶의 모습이 정해지게 될 테니까요.

목표를 정할 때는 '무조건 행복한 사람' 같은 추상적인 모습은 피해 주세요. 구체적이지 않은 목표는 삶의 방향에 지침을 주기엔 어렵거든요. 내가 추구하는 삶의 목표와 모습을 그려 본 후 장래 희망을 생각해 보세요. 내 미래의 삶의 한 장면을 그림으로 그려 보면 어떨까요? 이제껏 봐 왔던 영화나 드라마, 위인전에서 힌트를 얻어도 좋겠지요. 그 장면을 이루기 위해서 나는 어떻게 노력할 것인가를 구체적으로 생각해 보세요. 미래 나의 모습을 그리는 데 도움이 될 것입니다.

[장래 희망을 이룬 나의 모습을 묘사해 보세요.]

새로운 교육과정 수행평가

101가지 수행평가 주제 글쓰기 국어

101가지 수행평가 주제 글쓰기 영어

101가지 수행평가 주제 글쓰기 수학

101가지 수행평가 주제 글쓰기 과학

101가지 수행평가 주제 글쓰기 사회

101가지 수행평가 주제 글쓰기 기타

여행 계획 세우기

관련 주제: 여행 계획 글쓰기 (단대부중)

〈생각 열기〉 하루 동안 자유 시간입니다. 하고 싶은 것들을 적어 보세요.

나 스스로 여행 계획을 세워 보는 과제입니다. 친구와 하루 동안 여행 계획을 세워 보는 거예요. 혼자서 가보고 싶었던 곳에 가거나 해보고 싶었던 일을 실컷 할 수 있는 기회입니다. 생각만 해도 너무 신이 나지요. 무엇을 하면서 신나게 놀아 볼까요?

계획을 위해선 내가 하고 싶은 것이 무엇인지 선택을 해야죠. 흥미가 가는 쪽으로 갈래를 잡으세요. 레저를 즐기고 싶은지, 휴식이나 먹방을 할 건지, 유적지를 돌 건지 말이에요. 핫한 카페 성지 순례를 하는 건 어떨까요? 아니면 동네마다 잘나가는 pc방을 돌아보는 것은 어때요? 여행이라고 해서 거창하게 지방으로 혹은 해외로 나가는 것만 생각하지 마세요. 주변 지역을 돌면서 색다른 곳을 돌아다녀 보는 것도 좋은 여행이 된답니다. 그 동안 내가 궁금했던 것, 하고 싶었던 것을 정하는 게 필요한 이유에요. 친구들끼리 인생 네 컷을 찍고 싶다면 가장 핫한 곳부터 검색을 해야겠지요.

여행 계획을 세우는 데 가장 중요한 것이 검색입니다. 최신 여행 정보를 풍부하게 모을수록 재미있는 여행이 보장되니까요. 인터넷을 통해 검색할 때는 최신의 정보, 출처가 정확한 지 확인하고 자료를 모으세요. 자료를 다 모았으면 동선을 구성해야겠죠. 구체적으로 어떤 시간대에 어디로 갈 건지를 말이에요. 여행하면서 계획에 차질이 생길 수도 있어요. 가려고 했던 유적지나 식당이 휴무일 수 있죠. 갑자기 비가 와서 여행지에 못 갈 수도 있구요. 이때를 대비해서 대체 여행지도 구상해 보세요. 여행은 갑자기 생기는 사건들이 재미를 배로 주니까요. 스트레스받지 않도록 여유 시간도 충분히 확보하면서 계획을 짜는 게 좋겠죠. 여행 계획을 짜보면서 내가 좋아하는 것이 무엇인지 알게 될 거예요. 내가 이런 것을 좋아했으며, 여행하면서 얻고 싶은 게 이런 감정이었구나 느끼게 될 거에요. 나를 알아가는 또 다른 시간이 여행이지요. 여행은 계획에서부터 신나고 즐거울 거예요.

[하루 동안 자유 시간입니다.
혼자서 혹은 친구와 가고 싶은 여행 계획을 세워 볼까요?]

내가 가고 싶은 여행지

관련 주제: 내가 가고 싶은 여행지 (대왕중)

〈**생각 열기**〉 인기 여행지 10군데를 조사해서 적어 보세요.

여행지	가볼 만한 곳	특징

새로운 교육과정 수행평가

101가지 수행평가 주제 글쓰기 국어

101가지 수행평가 주제 글쓰기 영어

101가지 수행평가 주제 글쓰기 수학

101가지 수행평가 주제 글쓰기 과학

101가지 수행평가 주제 글쓰기 사회

101가지 수행평가 주제 글쓰기 기타

　인생에서 꼭 가봐야 할 여행지라는 타이틀의 글, 인터넷이나 책에서 한 번쯤 본 적 있죠? 세계인들이 가장 좋아하는 10대 여행지 같은 글 말이에요. 그런 글을 보면서 가고 싶었던 여행지가 있었나요? 그 여행지에 대한 글을 써 보도록 하겠습니다. 전 세계 어디든 좋습니다. 시간이나 비용이나 어떤 제약도 없다면 어디로 여행을 가고 싶나요? 그 여행지에 대해서 조사해서 글을 써 보도록 해요. 여행지를 전문으로 소개하는 블로거나 유튜브들도 많죠. 그분들의 최신 정보를 살펴보세요. 유난히 눈길이 가는 여행지가 있을 거예요. 그 여행지를 소개해 보는 거예요.

　여행지를 소개할 때는 내일 곧 여행을 가도 좋겠다 싶을 만큼 자세하게 소개하면 좋겠어요. 해외여행 갈 때 안내 책자 있잖아요. 그것처럼 말이에요. 여행지에 대한 역사적 이해부터 지리적 상황, 화폐, 언어, 나라의 특성 등을 자세히 표현해 주면 좋지요. 꼭 가 봐야 할 곳이나 먹거리, 지역 시장 등을 통해 더 풍부하게 그곳을 이해하는 방법도요. 준비해 가면 좋을 것이나 지역의 특성에 맞는 꼭 챙길 것들도 추천해 보세요.

　무엇보다 중요한 건 이 여행지만의 매력이겠죠. 꼭 이 여행지를 추천하는 이유를 밝혀 주면 좋겠습니다. 글을 읽는 사람들도 여러분처럼 이 여행지의 매력에 푹 빠져들 수 있도록 말이에요. 그런 글이 매력적이잖아요. 글을 읽고 나도 그렇게 하고 싶다는 생각이 드는 글 말이죠. 그러기 위해선 먼저 여러분 스스로가 그 여행지에 빠져들어야겠죠. 진짜 가고 싶다는 생각이 강해서 쓴 글을 독자를 끄는 힘도 자연히 생길 테니까요. 우리 모두 여행지 검색부터 시작해 봐요. 하루하루 반복되는 일상에 여행지를 상상하고 검색해 보는 것만으로도 행복한 시작이 될 것 같네요.

[내가 소개하고 싶은 여행지에 대해서 조사해서 적어 보세요.]

새로운 교육과정
수행평가

101가지 수행평가 주제 글쓰기
국어

101가지 수행평가 주제 글쓰기
영어

101가지 수행평가 주제 글쓰기
수학

101가지 수행평가 주제 글쓰기
과학

101가지 수행평가 주제 글쓰기
사회

101가지 수행평가 주제 글쓰기
기타

주제 32 | **내가 좋아하는 우리나라 음식**

관련 주제: 우리나라 음식 소개하기 (대왕중)

〈생각 열기〉 중학생이 좋아하는 음식에는 어떤 것들이 있는지 적어 보세요.

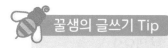

여러분이 제일 좋아하는 음식은 무엇인가요? 피자 아니면 치킨? 햄버거나 부대찌개, 소고기나 삼겹살을 좋아하는 친구들 많지요? 그런 음식 중 하나를 소개하라면 신이 났을 거예요. 그런데 어쩌죠? 우리나라 음식 중에서 소개하는 글을 쓰는 거네요. 하지만 문제없죠. 우리나라 음식 중에도 맛있는 음식은 얼마든지 있으니까요.

우리나라는 쌀을 주식으로 합니다. 쌀로 만든 음식이 주로 많죠. 주로 먹는 쌀밥 이외에도 떡이나 누룽지, 한과, 식혜, 막걸리, 엿 같은 음식들 말이에요. 명절에 많이 먹는 음식들이죠. 그 밖에도 날씨와 시기에 따라 먹는 건강 음식들이 있어요. 아주 더운 한여름에는 삼계탕을 먹고 동짓날에는 팥죽을 먹죠. 설날에는 떡국을 추석에는 송편을 먹는 것처럼요. 절기마다 먹는 음식들도 소개할 수 있겠네요. 세계적인 음식으로 떠오르고 있는 것들은 어때요. 김치나 라면, 불고기나 비빔밥 같은 것은 전 세계적으로 인기를 끌고 있는 음식이랍니다.

이 중에서 소개하고 싶은 음식을 선정해 보세요. 너무 많아서 고르기 힘들겠지만요. 그중에서 내가 좋아하는 것이면 좋겠어요. 내가 좋아하면 글을 쓰면서도 그 음식을 생각하는 행복한 기분이 표현될 테니까요. 읽는 사람도 여러분의 표현을 읽고 그 음식을 먹고 싶은 생각이 마구마구 들 거예요. 여러분은 이 글을 통해 한국 음식을 알리는 한국 문화 전도사가 되는 겁니다. 좋아하는 것을 많은 사람에게 알리는 일은 아주 재미있는 작업이 될 거예요.

[내가 제일 좋아하는 우리나라 음식을 소개해 보세요.]

우리 학교 신문 만들기

관련 주제: 학교 타임즈 신문 만들기 (진선여중)

〈생각 열기〉 우리 학교 행사와 소식을 조사하여 보세요.

　　우리 학교 소식으로 신문을 만들어 보는 활동입니다. 정보를 전달하는 글을 쓰기 위해서는 자료를 수집해야 해요. 학교에 어떤 행사가 있는지 알 수 있는 통로로 홈페이지나 알리미를 활용하면 됩니다. 학교에서 일어나는 각종 교육이나 행사에 대한 내용들이 공유되거든요. 학교 게시판이나 알림 광고를 보는 것도 좋아요. 시기별로 열리는 대회나 활동들이 안내되니까요. 학급에 있는 게시판이나 조종례 시간을 활용해 선생님께서 전해 주시는 소식을 모아서 메모해 두는 것도 방법이지요.

　　정보를 모았으면 선별을 해야겠죠. 어떤 소식을 신문에 실으면 좋을지 결정하는 거예요. 학교 신문에 실릴 만큼 학교를 대표하는 소식인지 생각해 보세요. 전교생에게 해당하는 소식이면 좋겠죠. 학교의 명예를 드높인 소식이나 학생들의 참여를 독려하는 글도 기사로 실을 수 있어요. 최신의 행사를 선별해야겠죠. 너무 오래전 행사는 기사로서 가치가 떨어져요. 곧 진행되거나 진행 중인 행사 위주로 고르는 게 좋겠어요.

　　기사를 선별했으면 기사를 나눠야겠죠. 어떤 범주로 나눠서 실을 지 정하는 거예요. 비슷한 부류의 소식을 함께 싣는 게 읽기에 수월하겠지요. 이렇게 진행이 되었으면 기사문의 형식에 맞게 정확하고 군더더기 없이 기사를 작성하면 됩니다. 내가 학교 방송사나 신문사의 일원이라고 생각하고 기사를 작성해 보세요. 언젠가 방송사나 신문사 기자를 모집할 때 지금 써 본 글이 도움이 될 거예요. 이를 계기로 그 분야에 관심이 생겨 기자가 될지도 모르는 일이니까요. 즐거운 경험이라 생각하고 도전해 보세요.

[우리 학교 신문을 만들어 보세요.]

새로운 교육과정 수행평가

101가지 수행평가 주제 글쓰기 국어

101가지 수행평가 주제 글쓰기 영어

101가지 수행평가 주제 글쓰기 수학

101가지 수행평가 주제 글쓰기 과학

101가지 수행평가 주제 글쓰기 사회

101가지 수행평가 주제 글쓰기 기타

좋아하는 영화 포스터 만들기

관련 주제: 좋아하는 영화 포스터 만들기 (세화여중)

〈생각 열기〉 좋아하는 영화 제목과 이유를 적어 보세요.

영화 제목	이유

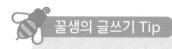

포스터 한 장으로 영화를 매력적으로 소개한다. 너무 근사하지 않나요? 여러분은 좋아하는 영화 포스터가 있나요? 기억하고 있는 영화 포스터의 강렬함을 떠올려 보세요. 영화를 보기 전 영화관으로 관객을 불러일으키는 힘을 가진 포스터를 만들어 봅시다. 가장 좋아하는 영화의 포스터를 만들어도 좋고요. 시선을 끌기 좋은 영화를 선택해도 괜찮습니다. 포스터에 담을 만큼 강렬한 내용이 담겨 있으면 만들기도 쉬우니까요. 인터넷 검색창에 많은 포스터를 찾아보세요. 도대체 포스터라는 게 무슨 내용을 담고 있는지 알아야 만들 수 있으니까요.

영화의 내용을 함축적으로 표현하기 위해 포스터에서는 사진을 활용하죠. 장면을 가장 도드라지게 나타내는 장면을 배우들이 연출해서 포스터 촬영을 따로 해요. 영화의 핵심 내용을 담거나 매력적인 문구도 들어가죠. 포스터의 색감이나 구조, 글자체까지 신경을 써서 만들어요. 전체적으로 조화도 되고 매력적으로 보이게 말이죠.

포스터를 만들려면 영화에서 강조하고 싶은 게 뭔지 궁금증을 일으킬 만한 멘트를 작성해 보세요. 관객이 보고 호기심을 느낄 만한 내용으로 말이에요. 카피를 잘 만드는 것이 포스터의 핵심입니다. 궁금증을 가지도록 내용을 표현하는 거죠. 도대체 무슨 내용일까 구미가 당기게요. 일단 포스터 패러디부터 시작해 봐도 좋을 거 같아요. 잘 만들어진 포스터와 내가 소개하고자 하는 영화를 접목시키는 거죠. 잘 짜인 포스터의 구조에 맞춰서 연습을 하는 거예요. 혼자서 새롭게 만들어 보기는 어려울 수 있어요. 언제나 창작은 모방에서 시작하니까요. 좋아하는 포스터와 영화에서 강조하고 싶은 내용을 카피로 만들어 포스터를 만들어 보세요.

[좋아하는 영화의 포스터를 만들어 보세요.]

새로운 교육과정
수행평가

101가지 수행평가 주제 글쓰기
국어

101가지 수행평가 주제 글쓰기
영어

101가지 수행평가 주제 글쓰기
수학

101가지 수행평가 주제 글쓰기
과학

101가지 수행평가 주제 글쓰기
사회

101가지 수행평가 주제 글쓰기
기타

주제 35   그림 단어 설명 만들기

관련 주제: 스스로 그림 단어 설명 만들기 (세화여중)

〈생각 열기〉 영어 단어의 어원을 찾아 적어 보세요.

영어 단어	어원

영어 단어를 그림으로 설명해 보는 거네요. 우리 어릴 때 사과 사진이 나오고 'apple'이라는 영어 단어를 그림 카드로 익혔었죠. 그런 카드를 만드는 거예요. 단어의 뜻이나 어원에 대해서 아는 것이 필요하겠죠. 가장 쉬운 수준의 카드는 어릴 때 보던 형식과 같을 거예요. 사과 그림을 그리고 apple을 설명하는 수준이 되겠죠. 하지만 사과라는 뜻과 apple이라는 단어는 어떤 연관성이 없죠. 사과가 애플이라고 어릴 때부터 많이 반복하니 익숙해졌을 뿐이에요.

이 주제는 어원을 따져 보며 단어 카드를 만들어 보는 거예요. 단어 앞에 붙는 접두사를 활용한 단어를 골라보면 좋겠어요. 예를 들어 pro라는 접두사는 '앞에'라는 뜻이 있어요. professional은 pro라는 말이 붙어서 어떤 일을 전문적으로 하거나 그런 지식이나 기술을 가진 사람을 말하죠. protect는 앞에서 지켜주는 이라는 뜻에서 보호하다라는 뜻이 되구요. 이런 식으로 접두사의 어원을 찾아서 그림으로 나타내 보는 거예요. pro라는 말에 앞이라는 그림을 그려서 활용되는 단어들을 예로 들어 보는 거죠. 우리가 어떤 사실을 기억할 때 다감각을 활용하는 게 도움이 되거든요. 영어 단어를 외울 때 시각 자료를 활용하는 이유도 그것이죠. 그림 카드를 활용해서 어원을 외워 두면 단어를 더 잘 기억할 수 있어요.

[영어 단어를 그림을 활용해서 설명해 보세요.]

관련 주제: 일상생활과 관련 글쓰기 (서운중)

〈생각 열기〉 올해 내가 희로애락을 느낀 일에 대해 적어 보세요.

희	로	애	락

 꿀샘의 글쓰기 Tip

    일상에서 제일 기억에 남는 글을 쓰려면 경험을 골라야죠. 나의 경험 가운데서 의미를 부여하고 흥미 있었던 사건을 고를 필요가 있지요. 사소하더라도 상관없어요. 나에게 의미 있으면 됩니다. 아무리 작은 일이라도 그 안에서 희로애락을 모두 느낄 수 있답니다. 이렇게 시시한 내용을 글로 써도 될까 고민하지 마세요. 어차피 인생은 작은 경험들이 모이고 쌓여서 만들어지는 거니까요. 두려워할 필요 없어요. 가장 개인적인 경험이 제일 보편적인 감동을 줍니다.

    내가 기억하기에 기쁘거나 욱하거나 감동받은 일에 대해서 골라 쓰면 됩니다. 이렇다 저렇다 감정을 붙여 설명할 필요도 없어요. 구체적으로 묘사하면 됩니다. 묘사라는 게 그림을 그리듯이 찬찬히 설명하는 거예요. 그러다 보면 자신도 그때 감정이 올라와서 감정적인 글이 될 수도 있어요. 두려워하지 마세요. 지극히 개인적인 글이기 때문에 감정적이어도 괜찮습니다. 글은 치유의 기능이 있으니까요. 쓰면서 다시 감정이 올라온다는 것은 다른 사람은 몰라도 나 자신은 치유해 준 거예요. 그것만으로도 그 글의 가치는 충분히 있는 거니까요. 남의 이목이나 시선을 두려워하지 말고 솔직하게 써 보세요. 솔직한 글이 사람의 마음을 움직입니다.

[요즘 들어 제일 재미있고 기억에 남는 하루의 경험을 써 보세요.]

새로운 교육과정 수행평가

101가지 수행평가 주제 글쓰기 국어

101가지 수행평가 주제 글쓰기 영어

101가지 수행평가 주제 글쓰기 수학

101가지 수행평가 주제 글쓰기 과학

101가지 수행평가 주제 글쓰기 사회

101가지 수행평가 주제 글쓰기 기타

글쓰기가 여러분을 성장하게 합니다.

101가지 수행평가 주제 글쓰기
수학

Part 2

| 주제 37 | 수학 용어 마인드 맵 |

관련 주제: 수학 용어 마인드 맵 (영훈국제중)

〈생각 열기〉 올해 배웠던 수학 개념을 적어 보세요.

개념	설명

새로운 교육과정 수행평가

101가지 수행평가 주제 글쓰기 국어

101가지 수행평가 주제 글쓰기 영어

101가지 수행평가 주제 글쓰기 수학

101가지 수행평가 주제 글쓰기 과학

101가지 수행평가 주제 글쓰기 사회

101가지 수행평가 주제 글쓰기 기타

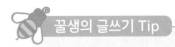

　수학 공부는 개념과 문제 풀이로 이뤄집니다. 문제는 개념을 배우고 나서 활용하는 데 필요한 거죠. 문제보다도 중요한 게 사실은 개념이에요. 개념에 대한 이해 및 암기가 필요한 이유입니다. 수학 개념은 위계가 있지요. 아래 단계의 개념을 알지 못하면 다음으로 나아가기 어려워요. 점선면의 개념을 모르고서는 선분, 직선, 반직선과 원의 개념도 알 수가 없는 것이죠. 여기저기 흩어져 있는 개념을 줄 세우고 확인해 보는 작업이 필요해요.

　초등 수학의 5대 영역인 수와 연산, 규칙성, 자료와 가능성, 측정, 도형 파트에서 생각나는 개념들을 정리하는 문제입니다. 5, 6학년 교과서를 보면서 차근차근 어떤 개념들이 나왔는지 정리해 보면 좋겠습니다. 수와 연산에는 정성적 표현과 정량적 표현, 수와 숫자, 자연수와 정수 개념이 있습니다. 기수법과 진법, 수직선, 100까지의 수, 등호와 등식, 방정식, 부등호와 부등식이 다음에 나오지요. 사칙연산에 이어 배수와 약수, 짝수 홀수가 등장합니다. 분수 개념과 크기, 분수의 종류, 분수의 통분과 약분, 사칙연산, 소수 개념으로 초등 수학이 마무리되지요. 규칙성에는 규칙 찾기와 비와 비율, 비례식, 비례배분, 정비례와 반비례 개념이 있습니다. 자료와 가능성에는 통계와 여러 가지 그래프, 평균과 가능성이 있어요. 도형에는 차원과 쌓기 나무, 선분, 반직선과 직선, 각도, 평면 도형과 다각형, 삼각형과 사각형, 원, 밀기, 뒤집기와 돌리기가 나옵니다. 합동과 대칭, 직육면체와 정육면체, 각기둥과 각뿔, 원기둥과 원뿔, 구와 전개도로 마무리합니다. 측정에는 물리량과 단위, 길이와 거리, 넓이, 부피와 들이, 무게와 질량이 있습니다. 삼각형, 사각형, 원의 넓이와 직육면체와 원기둥의 겉넓이와 부피가 등장합니다. 각기둥과 각뿔의 부피, 시간과 시계를 거쳐 측정 단원이 마무리 되죠.

　개념들을 마인드 맵으로 정리하다 보면 초등 수학의 개념을 한꺼번에 정리할 수 있어요. 쉬운 과제는 아니지만 중학교 입학 전에 한 번쯤은 정리가 필요한 과정이지요. 하나씩 개념을 떠올리며 정리해 보세요. 6년간 배웠던 수학 개념들의 세계로 출발해 봅시다.

[초등학교 수학 시간에 배운 용어를 마인드 맵으로 정리해 보세요.]

수와 연산

규칙성

자료와 가능성

측정

도형

새로운 교육과정 수행평가

101가지 수행평가 주제 글쓰기 국어

101가지 수행평가 주제 글쓰기 영어

101가지 수행평가 주제 글쓰기 수학

101가지 수행평가 주제 글쓰기 과학

101가지 수행평가 주제 글쓰기 사회

101가지 수행평가 주제 글쓰기 기타

나의 하루를 그래프로 그리고 해석하기

관련 주제: 좌표 평면과 그래프 (압구정중)

〈**생각 열기**〉 내 생활 중 그래프로 나타낼 수 있는 활동에는 어떤 것들이 있을지 적어 보세요.

좌표 평면 그래프 해석하기는 2015 개정 교육과정에서 처음으로 도입되었어요. 미래 사회에 필요한 능력이라는 뜻이겠지요. 실생활에서 많이 쓰이기도 하구요. 그래프를 수학 시간에 배우고 끝났던 때와는 전혀 다른 방식의 공부가 필요해요. 일상생활에서 문제 상황을 언어 표현이나 표, 그래프를 통해 분석하는 게 중요해졌어요. 그 분석을 자유롭게 할 수 있게 하기 위해 좌표 평면과 그래프에 대해 배우는 거죠. 그러기 위해서는 좌표 평면에 순서쌍을 표현할 수 있어야 해요. 정비례와 반비례를 이해하고 해석할 수 있어야죠. 그래프를 해석할 때는 x축과 y축이 나타내는 것이 무엇인지를 정확히 알아야 해석이 가능하겠죠.

그래프와 해석을 통해 일상에 적용할 수 있는 문제는 어떤 것들이 있을까요? 식물이 온도에 따라 자라는 변화 양상이나 집에서 키우는 강아지의 개월 수별 몸무게도 표현 가능해요. 식물이나 강아지가 잘 자라고 있는지 체크해 보면서 더 필요한 영양소에 관심 가질 수 있겠죠. 온 세계에서 화두가 되고 있는 지구 온난화의 문제를 그래프로 그리고 해석해 보세요. 지구 온난화가 심각하다고 하는데 세계 여러 지역의 기온 변화가 어떤지 알아볼 수 있을 거예요. 온도 변화에 따른 해수면 상승이나 식물의 변화 과정도 그래프로 그리고 해석할 수 있죠. 그래프를 정확하게 그리는 것도 중요하지만 그래프를 해석하는 과정이 더 중요해요. '그래서 어떻게 해야 할까?'라는 핵심 질문을 가지고 그래프 해석에 접근해야죠. 그래야 그래프를 그리고 해석하는 의미가 있을 테니까요.

일상에서 만나는 여러 상황 중 그래프로 나타내고 싶은 것과 그것에 대한 해석을 해 보세요. 다이어트에 관심 있는 친구라면 음식 섭취량에 따른 몸무게 증가를 조사해 봐도 좋겠어요. 운동량에 따른 키 성장 과정을 조사해 보는 것도 도움이 될 거구요. 그래프와 해석이 수업 시간에 배우는 공부로만 끝나지 않도록 일상생활에서의 활용을 생각해 보세요.

새로운 교육과정 수행평가

101가지 수행평가 주제 글쓰기 국어

101가지 수행평가 주제 글쓰기 영어

101가지 수행평가 주제 글쓰기 수학

101가지 수행평가 주제 글쓰기 과학

101가지 수행평가 주제 글쓰기 사회

101가지 수행평가 주제 글쓰기 기타

[내 생활 중 한 가지 영역을 골라 그래프로 나타내고 해석해 보세요.]

관련 주제: 도형의 성질 (대칭중)

〈생각 열기〉 도형의 성질을 정리해 보세요.

새로운 교육과정
수행평가

101가지 수행평가 주제 글쓰기
국어

101가지 수행평가 주제 글쓰기
영어

101가지 수행평가 주제 글쓰기
수학

101가지 수행평가 주제 글쓰기
과학

101가지 수행평가 주제 글쓰기
사회

101가지 수행평가 주제 글쓰기
기타

　도형이나 공간의 성질을 다루는 것을 기하학이라고 합니다. 우리는 평소 기하학을 가깝게 느끼지 못하죠. 도형의 성질을 배우기는 하지만 생활과는 전혀 무관하다고 느낍니다. 기하학은 우리가 일상에서 접하는 건축물이나 물건들에서 자주 발견할 수 있습니다. 자세히 살펴보면 많은 도형의 성질이 일상에서 활용된다는 것을 알 수 있습니다.

　중학교에서 배우는 도형의 용어라면 점, 선, 면, 교점, 교선, 중점, 각, 평각, 직각, 예각, 둔각, 교각, 맞꼭지각, 수직, 수선, 수직이등분선, 수선의 발, 평행, 엇각, 동위각, 꼬인 위치가 있습니다. 이 개념들에서 도형의 성질이 등장하게 되죠. 이것을 어떻게 일상에서 찾아볼 수 있을까요?

　예를 들어 닮음이라는 성질을 배웁니다. 두 개 이상의 도형에서 크기는 다르지만 모양이 똑같은 것을 도형의 닮음이라고 하죠. 한쪽을 일정한 비율로 줄이거나 늘린 것을 말하는데요. 이것은 어떻게 활용될까요? 설계도에서 그대로 쓰입니다. 커다란 건물을 지을 때 그 건물의 도면을 종이에 다 그릴 수 없잖아요. 똑같은 비율로 줄여서 사용하죠. 이때 도형의 닮음을 활용하는 거예요.

　도형의 합동이라는 성질도 있습니다. 합동이란 모양과 크기가 같아서 완전히 포개지는 두 도형을 말하지요. 이것은 어떻게 활용될까요? 우리가 도형의 성질을 배우기 위해서 삼각자를 하나 샀다고 해요. 그 문구점에서 파는 삼각자는 모두 합동입니다. 똑같은 공장에서 나왔으니까요. 공산품을 만들 때 도형의 합동이라는 성질을 활용해서 물건을 만듭니다.

　'수학은 실생활에 쓸모가 없다'고 생각하기 쉬운데요. 그렇지 않습니다. 위에서 살펴본 것처럼 수학은 일상에서 많이 쓰이고 있어요. 이론을 잘 배워두면 여러분이 직업을 가지고 일할 때 많은 도움이 될 거예요. 수학은 우리 생활과 멀리 있지 않아요. 오늘 하루 나의 일상에서 잘 활용되고 있다는 사실을 기억하세요. 점수를 위해서 수학을 공부하는 게 아니에요. 나의 미래를 위해서 수학을 배운다구요. 수학 시간이 덜 지루해질 거예요.

[도형의 성질을 이용하여 만들 수 있는 것에는 어떤 것이 있을까요?]

내 생활에서 자료 정리하기

관련 주제: 자료 정리하기 (대청중)

〈생각 열기〉 내 주변의 사람들을 어떤 기준으로 나눠서 정리할 수 있을까요? 기준을 생각해서 적어 보세요.

여러분 책상 위를 한번 보세요. 정리 정돈이 되어 있나요? 엉망진창으로 물건들이 뒤섞여 있나요? 엉망이라도 심란해 마세요. 사춘기에는 뇌에서 큰 변화가 일어나요. 여러 변화가 생기죠. 그중 하나가 정리가 어려워진다는 거래요. 어릴 때보다 더 정리하기 어려울 때가 있을지도 몰라요. 사춘기의 뇌가 활발하게 커나가고 있다는 증거니까요. 너무 걱정 마세요. 여러분은 큰 걱정 안 할 거예요. 청소 안 한다는 엄마의 잔소리만 빼면요. 엄마의 잔소리를 피하기 위해서 정리를 해봐야 할 텐데요. 복잡한 머릿속처럼 엉망진창으로 섞여 있는 자료들을 정리해 봐요.

스마트폰에 많은 이름이 저장되어 있을 거예요. 거기에 맞춰 카카오톡에도 친구들이 있겠지요. 친구들을 유형에 따라서 정리해 봐야겠어요. 자료 정리에서 필요한 것이 쓸데없는 자료를 골라내는 거예요. 카톡에 친구로 등록은 되어 있지만 잘 모르는 사람부터 차단 친구로 정리하는 거죠. 내가 아는 친구들만 남았다면 됐어요. 이제 정리해 보세요. 유치원, 초등학교, 중학교 친구 이렇게 나이별로 나눌 수 있겠죠. 친척이나 가족도 있을 거예요.

카톡에는 따로 폴더가 존재하지 않죠. 이름 앞에 유치원 친구-@@, 친척-@@ 이런 식으로 정리해 보세요. 보기에 더 깔끔하고 찾기도 쉬울 거예요. 친구를 정리하면서 분류하기를 배워 보겠네요. 분류의 기준을 정하고 카테고리를 나누고 분류해 보는 거죠. 정리의 스킬을 늘릴 수 있을 거예요. 머릿속이 정리되지 않거나 복잡할 때는 지금 배운 정리의 기술을 활용해 보세요. 복잡한 머릿속이 조금 더 정리되고 편안해질 거예요.

[내 스마트폰에 있는 카카오톡 친구들을 일정한 기준에 따라 정리해 보세요.]

친구들의 기호 통계 내기

관련 주제: 통계 (압구정중)

〈**생각 열기**〉 내가 좋아하는 유튜버를 정리해서 써 보세요.

채널명	주요 내용	좋아하는 이유

새로운 교육과정 수행평가

101가지 수행평가 주제 글쓰기 국어

101가지 수행평가 주제 글쓰기 영어

101가지 수행평가 주제 글쓰기 수학

101가지 수행평가 주제 글쓰기 과학

101가지 수행평가 주제 글쓰기 사회

101가지 수행평가 주제 글쓰기 기타

여러분이 요즘 관심 있게 보는 유튜버는 누가 있나요? 한 명의 유튜버를 검색하면 관련 영상으로 비슷한 부류의 영상이 추천되지요. 알고리즘이 작동해서 여러분의 취향에 맞는 영상들을 찾아 주잖아요. 참 신기하죠. 그래서 보던 카테고리의 영상들만 보게 되는 단점이 있긴 하지만요.

주변의 친구들은 어떤 유튜버를 좋아하나요? 청소년에게 인기 있는 유튜버는 누구일까요? 조사해서 통계를 내보는 겁니다. 그 과정에서 서로가 몰랐던 유튜버들을 알게 되겠죠. 청소년들이 어떤 콘텐츠를 좋아하는지도 알게 될 거에요. 청소년 희망 직업에 유튜버가 많잖아요. 여러분 중에도 유튜버를 꿈꾸는 친구가 있다면 이런 분석이 도움이 될 거예요. 어떤 식으로 콘텐츠를 만들어야 인기가 있는지 알게 될 테니까요.

통계는 그렇게 쓰인답니다. 전반적인 사람들의 생각을 알게 해 주죠. 인간은 타인과 더불어 사는 존재잖아요. 주변 사람들의 영향도 많이 받구요. 사람들이 어떤 생각을 갖고 있는지 궁금할 때 활용할 수 있는 게 통계 자료에요. 기존에 조사된 자료를 찾을 수 있구요. 궁금한 것은 직접 통계를 내볼 수도 있답니다. 이 과정을 통해서 보편적인 사람들의 특성을 알고 분석해 낼 수 있어요. 통계가 수치를 나타내는 것에서 끝나는 게 아니에요. 통계를 통해 사람들의 경향성을 분석해 내요. 요즘은 사람들이 많이 검색하는 정보를 빅데이터를 분석해요. 그 결과로 미래의 트렌드를 읽어 내는 직업도 있지요. 통계는 앞으로 무궁무진하게 더 많은 분야에서 활용이 될 거예요. 여러분도 이번 기회에 통계 내기와 해석하는 법을 연습해 보세요.

[친구들이 좋아하는 유튜버들을 조사하여 통계로 작성해 볼까요?]

주제 42 ··· 도형으로 광고 만들기

관련 주제: 도형 디자인으로 광고물 제작 (목일중)

〈생각 열기〉 도형을 활용한 디자인 광고물을 찾아 그려 보세요.

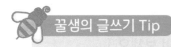
　도형만으로 아름다운 디자인 작품을 만들어 낼 수 있을까요? 도형을 이용해서 어떻게 디자인을 할 수 있을까 궁금하지요? 파워포인트 프로그램을 열어 보세요. 파워포인트 예시 디자인을 보면 어떤 것들로 구성되어 있나요? 맞아요. 간단한 도형들로 디자인이 구성되어 있다는 것을 알 수 있죠. 아무 생각 없이 파워포인트 발표 자료만 보곤 했었는데 한 장 한 장 살펴보니 다르죠. 흔히 사용하는 원이나 타원, 사각형 형태를 이용해서 아름다운 파워포인트 자료를 만들어 냈습니다. 이런 식으로 도형을 연결해서 디자인 컷을 만들어 보겠습니다.

　원을 계속해서 나선형으로 배치한다고 생각해 보세요. 원의 색이 조금씩 진해지면서 원의 중심으로 작은 원들이 모여드는 모양, 상상이 되나요? 원 하나를 가지고도 멋진 이미지를 만들어 낼 수 있어요. 도형 디자인의 힘이죠. 심플하면서도 사람을 잡아끄는 매력이 있는 게 디자인입니다. 광고는 강렬한 이미지를 원하죠. 도형의 심플함과 반복의 강렬함을 모티브로 삼아서 컷을 구상해 보세요. 삼각형이나 사각형, 타원 하나만 선택해도 좋아요. 무한 반복하는 패턴을 통해서 아름다운 광고 이미지를 만들 수 있죠. 카피 하나만 더하면 완벽한 광고가 되는 거예요. 원을 나선형으로 배열한 디자인에는 미묘한 색 변화로 달라 보이는 원을 강조해요. '한끝 다른 차이'라는 카피를 넣어보면 어떨까요?

　풍부한 상상력과 경험했던 것들을 종합해서 하나의 이미지를 만들어 보세요. 생각보다 멋지지 않아서 실망할 거 같다구요? 모든 위대한 작품을 만들어 낸 창작자들의 시작도 그랬어요. 시시하고 하찮아 보였죠. 그 시작이 없었다면 그 위대한 작품들도 결국 세상에 나오지 못했겠죠. 여러분도 자신의 가능성을 믿고 도전해 보세요. 먼 훗날, 멋진 작품의 시발점이 오늘의 이 과정이 될지도 모르니까요. 시작해 보세요!!

새로운 교육과정 수행평가

101가지 수행평가 주제 글쓰기 국어

101가지 수행평가 주제 글쓰기 영어

101가지 수행평가 주제 글쓰기 수학

101가지 수행평가 주제 글쓰기 과학

101가지 수행평가 주제 글쓰기 사회

101가지 수행평가 주제 글쓰기 기타

[도형을 배치하여 아름다운 디자인 컷을 만들어 보세요.]

수학 관련 진로 찾기

관련 주제: 수학 진로 탐색 보고서 (대왕중)

〈생각 열기〉 수학과 관련된 직업을 적어 보세요.

새로운 교육과정 수행평가

101가지 수행평가 주제 글쓰기 국어

101가지 수행평가 주제 글쓰기 영어

101가지 수행평가 주제 글쓰기 수학

101가지 수행평가 주제 글쓰기 과학

101가지 수행평가 주제 글쓰기 사회

101가지 수행평가 주제 글쓰기 기타

수학과 관련된 진로 중에서 재미있을 것 같은 직업을 찾아볼까요? 수포자인데 무슨 수학 관련 진로인가 할 수도 있을 텐데요. 글쎄요. 수학 관련 직업이 여러분이 생각하는 직업만 있을까요? 수학자나 수학교사 정도 알고 있지요. 재미있는 직업이나 진로를 찾아볼 수 있지 않을까요? 우리가 수학을 보는 눈을 다르게 할 수 있는 기회일지도 모르니 찾아봅시다.

수학 진로라면 관련 학과를 찾아볼 수 있을 거예요. 졸업 후 진로나 전공 필수과목을 통해 그 과에 대해 더 잘 알 수 있겠죠. 커리어넷에 접속해서 검색해 보세요. 우리가 흔히 알고 있는 수학과나 수학교육과나 초등교육과, 통계학과가 나오네요. 예상했던 일이죠. 그런데 원예과나 재활학과, 해양자원학과도 있어요. 이 과들은 수학과 어떤 관계가 있을까요? 가장 의외인 해양자원학과의 정보를 살펴보죠. 해양자원학과는 바다의 환경 특성을 이해하고 생물이 어떻게 서식하는지 살펴보는 과에요. 수산자원 생물의 보전과 관리를 연구합니다. 해양의 무궁구진한 잠재력을 찾아가는 미래 지향적인 학과지요. 바닷속은 밝혀지지 않은 신비가 많은 곳이잖아요. 매력 있는 학과네요. 이 과의 공통 과목이 과학과 교양, 사회, 수학입니다. 생물에 관한 실험이나 실습을 진행할 때 필요하대요. 바닷속만 보면 된다고 생각했는데 아니네요. 그 안에 일어나는 것들을 연구하기 위해 수학이 필요하군요. 역시 수학은 기초 학문이네요. 어디서든 기초가 되어 더 깊이 파고드는 데 도움이 되니까요.

어때요, 이렇게 조사해 보니 수학에 대해서 더 흥미가 생기지 않나요? 솔직히 흥미까지는 아니라구요? 흥미는 아니어도 수학이 꼭 필요하다는 것은 알겠죠. 우리 친구들이 어떤 일을 하게 되더라도 기본이 되어 줄 학문이에요. 너무 싫어하거나 멀리 하지 않았으면 좋겠어요. 알고 보면 수학의 매력과 필요성이 어마어마하답니다.

[수학과 관련된 진로에 관해서 조사해서 써 보세요.]

1. 관련 학과

2. 전공 필수과목

3. 졸업 후 진로

4. 내가 생각하는 이 분야의 매력

새로운 교육과정 수행평가

101가지 수행평가 주제 글쓰기 국어

101가지 수행평가 주제 글쓰기 영어

101가지 수행평가 주제 글쓰기 수학

101가지 수행평가 주제 글쓰기 과학

101가지 수행평가 주제 글쓰기 사회

101가지 수행평가 주제 글쓰기 기타

희망 진로 표현하기

관련 주제: 테트리스 모형 이용한 희망 진로 표현하기 (대왕중)

〈생각 열기〉 내 희망 진로를 적어 보세요.

　내가 희망하는 진로에는 어떤 것들이 있나요? 연관된 진로 여러 개를 희망하는 친구도 있죠. 어릴 때부터 한 가지 진로만 생각한 친구도 있을 거구요. 다른 분야의 진로를 꿈꾸는 친구도 있죠. 여러분이 컸을 때는 다양한 분야의 직업을 갖게 될 거라고 하죠. 한 사람이 열 개 이상의 직업을 가질 거라고 해요. 대단하죠. 한 가지 분야에 꿈을 한정 짓지 마세요. 여러분은 무엇이든 될 수 있는 존재랍니다. 지금 약간 공부를 못한다고, 어려운 일이 있다고 해서 실망하지 마세요. 사람은 무한한 가능성을 지닌 존재예요. 어제의 나와 오늘의 내가 다르죠. 다양한 가능성을 볼 수 있는 사람이 되었으면 좋겠어요.

　나의 희망 진로로 테트리스 모형을 꾸며 볼까요? 테트리스 게임 알죠? 비슷한 부류의 진로끼리 짝을 지어서 하나의 테트리스 조각을 만들어 보세요. 관련된 분야끼리 맞물려서 돌아가게 테트리스 모양을 배열하는 거죠. 삐죽 솟아나오는 곳이 있을 수도 있어요. 전체적인 조화만 나쁘지 않다면 신경 쓰지 마세요. 관심 있는 여러 분야의 진로를 다양하게 생각해 보는 데 의미가 있는 거니까요.

　내가 흥미 있고 좋아하는 것에서부터 시작하세요. 많이 어렵지 않게 찾을 수 있을 거예요. 운동과 게임을 좋아한다면 그와 관련된 진로들을 조사해 보세요. 맘에 드는 것을 네 개만 골라 테트리스 모형에 집어넣으세요. 게임을 좋아한다면 마찬가지예요. 게임 분야 진로 중에 선별해서 테트리스 모형에 넣는 겁니다. 얼마나 다채롭고 다양한 진로가 나올지 기대가 됩니다. 꿈을 크게 가지세요. 여러분을 가능성을 믿어 보세요. 믿는 만큼 성장할 겁니다.

[테트리스 모형을 활용해서 관련 있는
진로끼리 연결해서 내 희망 진로를 표현해 보세요.]

주제 45   내 삶의 방정식

관련 주제: 나의 삶의 방정식 만들기 (경원중)

〈생각 열기〉 방정식의 개념을 설명하고 문제를 만들어 보세요.

101가지 수행평가 주제 글쓰기 국어

101가지 수행평가 주제 글쓰기 영어

101가지 수행평가 주제 글쓰기 수학

101가지 수행평가 주제 글쓰기 과학

101가지 수행평가 주제 글쓰기 사회

101가지 수행평가 주제 글쓰기 기타

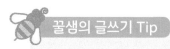

　방정식이란 미지수가 포함된 식에서 그 미지수에 특정한 값을 주었을 때만 성립하는 식이죠. 어떤 문자가 특정한 값을 취할 때만 성립하는 등식을 말해요. 나의 인생 방정식이란 무엇일까요? 내 인생에서 가장 많은 영향을 주었던 해를 찾아보는 문제네요. 아주 철학적이에요. 내 인생에서 가장 큰 영향을 주었던 게 무엇이 있을까 생각해 봐요. 선생님은 칭찬이라는 해를 갖고 있는 것 같아요. 남에게 인정받고 칭찬받기 위해서 열심히 살았거든요. 인생의 모든 과제에 칭찬이라는 해를 넣으면 그런대로 열심히 해 나갔던 거 같아요. 이제 와서 생각하면 남의 칭찬보다는 자신에게서 기인하는 어떤 요인이었다면 좋았겠지만요. 잘 바뀌지 않아요. 어려서부터 여러 가지 경험들이 쌓여서 내 인생의 해를 정했으니까요.

　여러분은 인생을 좌우할 어떤 해를 가지고 있을까요? 궁금해집니다. 어떤 친구는 엄마의 기대라거나 성적, 공부 혹은 외모 같이 외적인 것이 해일 수 있어요. 나를 움직이게 하는 동인이 자신에게 있는 경우도 있죠. 나의 욕구나 희망, 인정, 가치에 따라 행동하는 친구들이 그럴 거예요. 이런 친구들은 타인보다는 자신의 내적 동기가 중요한 거죠. 뭐가 좋다, 나쁘다고 한정할 수는 없어요. 내가 어떤 사람이고 어떤 것이 나를 행동하게 하는지 생각해 보는 거죠. 그것을 알아내고 고치고 싶다면 부단히 노력하면 바꿀 수도 있어요. 여러분은 인생 초반, 시작점에 있으니까요. 나를 더 잘 살펴야겠죠. 나를 살아 움직이게 하는 해를 찾아 방정식을 만들어 보세요. 지금의 해가 만족스러운지도 한번 생각해 보구요.

졸음 격파!

[내 삶의 방정식을 만들어 보고 의미를 써 보세요.]

(   ) 삶의 방정식

의미 :

새로운 교육과정 수행평가

10가지 수행평가 주제 글쓰기 국어

10가지 수행평가 주제 글쓰기 영어

10가지 수행평가 주제 글쓰기 수학

10가지 수행평가 주제 글쓰기 과학

10가지 수행평가 주제 글쓰기 사회

10가지 수행평가 주제 글쓰기 기타

동네 지도 좌표로 그리기

관련 주제: 우리 동네 지도를 활용한 좌표와 그래프 (경원중)

〈생각 열기〉 우리 집을 중심으로 동네 약도를 그려 보세요.

🐝 꿀샘의 글쓰기 Tip

　좌표를 활용해서 우리 동네 지도를 그려 본다니 색다른 접근이네요. 동네에서 내가 잘 알고 좋아하는 곳은 어떻게 좌표로 표시가 될까요? 시작은 집으로 합시다. 우리 집을 영점에 배치하는 거죠. 학교는 어떤 위치로 표시가 될까요? 정확하게 하자면 거리를 측정해서 비율대로 좌표를 표시해야죠. 지도에 들어가서 집에서 학교까지 거리를 알아보세요. 1칸의 기준 단위를 정합니다. 가까운 동네만 표현하고 싶다면 500m를 좌표의 한 칸으로 계산하세요. 더 넓은 지역을 나타내고 싶다면 1km를 한 칸으로 정하구요. 기준 칸의 거리를 얼마로 정하느냐에 따라서 지도에 나타낼 수 있는 동네의 범위가 정해지겠네요. 동네 지도를 약도로 그려 본 후 좌표로 표시하세요. 약도보다 더 수학적이죠. 거리를 계산하고 좌표로 나타내니까요. 동네에서 좋아하는 곳들이 어떻게 수학적으로 표시될지 기대가 됩니다.

[우리 동네 지도를 좌표로 그려 보세요.]

새로운 교육과정 수행평가

101가지 수행평가 주제 글쓰기 국어

101가지 수행평가 주제 글쓰기 영어

101가지 수행평가 주제 글쓰기 수학

101가지 수행평가 주제 글쓰기 과학

101가지 수행평가 주제 글쓰기 사회

101가지 수행평가 주제 글쓰기 기타

순서쌍으로 별자리 찾기

관련 주제: 순서쌍을 활용하여 별자리 찾기 (월촌중)

〈생각 열기〉 자신이 좋아하는 별자리를 소개하는 글을 써 보세요.

　　좌표 평면 위에 순서쌍을 표현하는 과제입니다. 좌표 평면 위에 점의 순서쌍을 제대로 구할 수 있어야 합니다. 순서쌍을 좌표 평면 위에 표현할 수 있어야 정확한 별자리를 만들 수 있습니다. 순서쌍과 좌표 평면이 나의 생활에서 어떻게 쓰일지 확인하는 과제네요. 순서쌍을 왜 알아야 하는지 궁금하고 지루해 했던 친구들에게 도움이 되겠어요.

　　앞으로 학교 교육은 실생활과 연관된 지식을 배우고 활용할 거예요. 지금보다 훨씬 더 많이요. 그렇게 되면 우리 친구들도 더 학교 공부에 흥미를 가질 수 있겠지요. 그런 공부의 첫 단계이자 시작이라 생각하세요.

　　좌표 평면에 나타내는 별자리라니 근사하지 않나요? 언젠가는 별자리를 찾아서 내 이름을 붙여 볼 거라는 큰 꿈을 가져 보세요. 혹은 우주 어디엔가 존재할지도 모르는 나만의 별자리 모양을 만들어 보는 거죠. 과학자가 꿈이 아닌 친구라도 재미있을 거예요. 우주 어디에선가 나만의 별자리가 반짝인다는 상상만으로도 즐겁지 않나요? 학교에서 배우는 지식들, 수행평가, 과제들을 나의 일상과 연결하여 상상해 보세요. 덜 지루하게 공부를 즐길 수 있는 방법이랍니다.

새로운 교육과정 수행평가

101가지 수행평가 주제 글쓰기 국어

101가지 수행평가 주제 글쓰기 영어

101가지 수행평가 주제 글쓰기 수학

101가지 수행평가 주제 글쓰기 과학

101가지 수행평가 주제 글쓰기 사회

101가지 수행평가 주제 글쓰기 기타

[아래의 모눈종이 위에 x축과 y축을 그리고 다음 순서쌍을
좌표 평면에 표시해 보세요. 그리고 어떤 별자리인지 이름을 찾아 보세요.
(-는 순서쌍의 점을 직선으로 연결하는 선분)]

1) (-13.-2)-(-11.-3)-(-7.-3)-(-4.-2)-(-4.2)-(-6.5),
  (-7.-3)-(-4.-9), (-2.-5)-(-4.-2)

2) (-5.5)-(-4.8)-(1.1)-(0.-2)-(1.-7), (1.1)-(4.3)-(5.0)-(0.-2),
  (5.0)-(7.-3)-(8.-6)

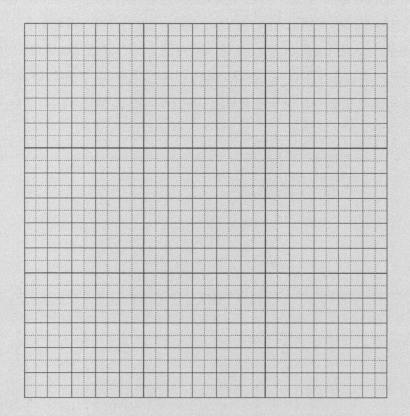

1)번 별자리 :
2)번 별자리 :

관련 주제: 일차방정식을 활용하여 신문 기사 만들기 (월촌중)

〈생각 열기〉 일차방정식의 개념을 적어 보세요.

새로운 교육과정 수행평가

101가지 수행평가 주제 글쓰기 국어

101가지 수행평가 주제 글쓰기 영어

101가지 수행평가 주제 글쓰기 수학

101가지 수행평가 주제 글쓰기 과학

101가지 수행평가 주제 글쓰기 사회

101가지 수행평가 주제 글쓰기 기타

일차방정식으로 신문 타이틀을 만든다고요? 하다 하다 별걸 다 하는군요. 독특하고 재미있는 과제예요. 호기심 가득 채워 도전해 볼까요. 일차방정식이란 무엇입니까? 초등 때 배우는 어떤 수 대신 x라는 기호를 사용한다고 생각하면 쉬워요. 방정식이란 x의 값에 따라 참이 되기도 거짓이 되기도 하는 등식입니다.

일차방정식이란 방정식에서 오른쪽에 있는 모든 항을 왼쪽으로 옮겨서 동류항을 정리했을 때 (x에 관한 일차식)=0이 되는 방정식을 말해요. 예를 들어 2x+3=4x-9라는 일차방정식이 있다고 해요. 이항을 해서 정리하면 2x-4x=-9-3이 되죠. 동류항끼리 계산하면 -2x=-12이고, x=6이 됩니다. 이렇게 방정식을 풀면 되는데요. 일차방정식을 활용한 뉴스 기사를 어떻게 만들까요? 예를 들어 친구에게 생일 선물로 볼펜을 나누어 주려고 해요. 한 명에게 6자루씩 주면 4자루가 남고 7자루씩 주면 6자루가 부족해요. 학생 수를 x라고 할 때 내가 가지고 있는 볼펜은 전부 몇 개일까 이런 문제죠.

신문 기사에 이런 문제를 어떻게 활용할 수 있을지 생각해 봐요. 인터넷에서 여러 기사를 찾아보세요. 특히 수가 나온 기사를 위주로 보세요. 방정식을 통해서 우리는 많은 발전을 이루었어요. 무심코 사용하는 디지털 카메라의 압축, 저장, 가공 원리를 들여다보면 그 안에도 방정식이 있죠. 레이더나 텔레비전, 컴퓨터 장비에 사용되는 무선 연결을 비롯해 대다수의 통신 기술에도 관여합니다. 자연과 법칙, 원리를 찾아내는 것에도 방정식이 활용돼요. 방정식이 어떻게 활용되는지 검색해서 신문 기사를 만들어 보세요.

[생활에서 접할 수 있는 문제 풀이를
일차방정식을 활용하여 신문 기사를 만들어 보세요.]

101가지 수행평가 주제 글쓰기 국어

101가지 수행평가 주제 글쓰기 영어

101가지 수행평가 주제 글쓰기 수학

101가지 수행평가 주제 글쓰기 과학

101가지 수행평가 주제 글쓰기 사회

101가지 수행평가 주제 글쓰기 기타

나만의 수학책 만들기

〈**생각 열기**〉 내가 책을 쓴다면 어떤 내용의 책을 쓰고 싶은지 적어 보세요.

　　나만의 수학책을 만들라네요. 수학이라면 머리 아픈데요. 수학책은 어떻게 만들어야 할까요? 고민이 된다면 바로 교과서를 꺼내 보세요. 우리가 가장 많이 보아온 수학책이니까요. 친구들 수준에 딱 맞는 눈높이의 수학책이구요. 도움이 될 거예요. 수학책의 구성을 살펴보세요. 수학에 대해 흥미를 끄는 이야기나 예화가 실려 있죠. 그리고 개념을 설명할 거예요. 개념을 활용할 수 있는 예시 문제가 나오죠. 본격적으로 문제를 풀면서 개념을 익힐 수 있는 단계로 넘어갈 겁니다. 마지막은 어때요? 더 흥미를 끌기 위해서 약간 심화된 이야기나 관련 주제에 대해서 서술하고 있지요.

　　수학 교과서에서 자신이 마음에 드는 구성을 가지고 와서 수학책을 만들면 돼요. 수학자에 대한 이야기 수학책도 있을 수 있고요. 지금까지 배운 개념만 모아 놓은 수학책도 괜찮지요. 주제를 정해서 수학책의 테마를 만드는 겁니다. 여러분이 특별히 관심 있거나 흥미 있는 분야를 택해도 좋아요. 초등 수학 개념 사전이나 그림으로 배우는 수학 같이 재미있으면서도 쉬운 책을 만들어 볼 수도 있겠네요. 내가 관심 있는 분야가 무엇인지를 찾아 한 페이지를 꾸며 보세요. 수학책을 본보기로 삼아서 써봐도 좋습니다. 수학 개념이 어떻게 설명되는지 그 과정을 알 수 있을 거예요. 만들어진 책만 볼 때와는 다를 걸요. 내가 책을 만든다고 생각하면 더 많은 고민을 하게 될 테니까요. 수학에 대한 관점을 바꾸는 데 이 과제가 도움이 되었으면 좋겠네요.

새로운 교육과정 수행평가
101가지 수행평가 주제 글쓰기
101가지 수행평가 주제 글쓰기
국어
영어
101가지 수행평가 주제 글쓰기
수학
101가지 수행평가 주제 글쓰기
과학
101가지 수행평가 주제 글쓰기
사회
101가지 수행평가 주제 글쓰기
기타

[나만의 수학책을 구상하고 한 페이지를 만들어 보세요.]

세로운 교육과정
수행평가

101가지 수행평가 주제 글쓰기
국어

101가지 수행평가 주제 글쓰기
영어

101가지 수행평가 주제 글쓰기
수학

101가지 수행평가 주제 글쓰기
과학

101가지 수행평가 주제 글쓰기
사회

101가지 수행평가 주제 글쓰기
기타

주제 50	수학 신문 만들기

관련 주제: 수학 신문 만들기 (을지중)

〈생각 열기〉 신문을 보고 관심 있는 주제들을 적어 보세요.

꿀샘의 글쓰기 Tip

　수학 신문 만들기, 어떻게 해 보면 좋을까요? 주제가 있어야겠죠. 최근 연구 결과를 나열해 보는 신문은 어떨까요? 노벨 수학상을 받은 사람들의 업적을 정리해 보는 것도 좋겠어요. 새롭게 밝혀진 수학 이슈에 대한 기사를 모아 보는 것도 의미가 있겠네요. 신문을 다채롭게 꾸미고 싶다면 이런 뉴스들을 섞어 보는 방법도 있어요. 수학에 관련된 재미있는 퀴즈나 상식들을 한편에 배치하면 어때요? 지루한 기사 가운데서 읽고 싶은 마음이 생길 거 같지 않나요?

　수학 신문이라고 해서 최신 뉴스로만 도배를 하면 지겨울 수도 있어요. 최신 이론이 어려울 수도 있구요. 오래전부터 전해진 수학의 역사 이야기도 좋겠어요. 재미있는 일화들을 모아도 돼요. 기사를 다 모았다면 독자층에 맞춰 뉴스를 선별해 보세요. 여러분과 비슷한 나이대의 독자층을 정하는 게 좋을 거 같아요. 왜냐하면 그 세대의 흥미나 관심사는 여러분이 잘 알 테니까요. 친구들이 재미있어 하거나 흥미로운 뉴스로 배치해 보세요. 알록달록한 글자나 디자인, 귀여운 수학 이모티콘으로도 꾸며 보세요. 소식도 전하고 읽기도 편한 수학 신문이 될 거예요.

[수학 신문을 만들어 보세요.]

101가지 수행평가 주제 글쓰기
과학

Part 2

주제 51　기체의 압력과 부피 사례 찾아보기

관련 주제: 기체의 압력과 부피의 관계 (대청중)

〈생각 열기〉 기체의 압력과 부피에 대한 법칙을 찾아서 적어 보세요.

과학 ┃ 163

보일의 법칙에 관하여 설명하는 글이네요. 보일은 압력과 부피의 관계를 알아보기 위해 실험을 설계했죠. 3m가 넘는 유리관을 만들어 수은을 담고 실험을 시작했어요. 유리관에 담긴 수은과 유리관 끝부분에 차 있던 공기의 압력을 늘려가며 실험을 했어요. 이 실험을 통해 보일은 일정한 온도에서 기체의 부피는 압력에 반비례한다는 사실을 알게 되었습니다.

생활 속에서 이 법칙을 확인할 수 있는 경우가 종종 있지요. 높은 산에 올라갔을 때 비닐봉지가 산 아래에서보다 부풀어 오르는 걸 확인할 수 있어요. 높은 산에서는 과자 봉지에 가해지는 압력이 작아지기 때문입니다. 높은 곳과 낮은 곳에 있을 때 압력이 달라지는 경우가 이외에도 있겠지요. 그런 현상들을 떠올려보고 예시를 들면 됩니다.

과학은 관찰력이 중요한 과목이에요. 일상에서 누구나 겪는 일들도 궁금증을 가지고 바라보면 다르게 보이지요. 당연하게 바라보던 일상이 과학의 이론들이 결합되어 이해되는 순간, 우리는 과학의 위대함에 대해 깨닫게 돼요. 일상에서 일어나는 여러 현상들 중에서 어떤 것들이 보일의 법칙에 해당이 될까요. 곰곰이 생각해 보세요. 과학을 받아들이고 상상력을 키우는 좋은 계기가 될 거예요.

[기체의 압력과 부피와 관련된 생활 속의 사례를 설명해 보세요.]

새로운 교육과정 수행평가

101가지 수행평가 주제 글쓰기 국어

101가지 수행평가 주제 글쓰기 영어

101가지 수행평가 주제 글쓰기 수학

101가지 수행평가 주제 글쓰기 과학

101가지 수행평가 주제 글쓰기 사회

101가지 수행평가 주제 글쓰기 기타

파동의 종류와 특징

관련 주제: 파동의 종류 및 특징 (대청중)

〈**생각 열기**〉 파동에 대해서 느꼈던 실제 경험을 적어 보세요.

🐝 꿀샘의 글쓰기 Tip

　파동이란 물질의 한 곳에서 만들어진 진동이 그 주위로 퍼져나가는 현상을 말해요. 물결 위에 동그라미 모양으로 파동이 치는 것을 본 적이 있지요. 물결 파나 지진파, 음파 등을 파동의 종류라고 볼 수 있어요. 파동을 전달하는 물질 이 무엇이냐에 따라 이름을 붙인 거예요. 파동을 전달하는 물질을 매질이라고 해요. 매질은 파동과 같이 이동하지는 않아요. 제자리에서 진동 운동만 할 뿐이죠. 파동을 보고 매질이 움직이는 거라 착각할 수 있는데 그건 아니랍니다.

파동에는 횡파와 종파가 있어요. 횡파는 파동과 매질의 진동 방향이 수직이에요. 물결파, 빛, 전파 등으로 현상이 나타나요. 흉부 검사를 할 때 쓰는 X선 검사나 전자레인지, 교통카드 등이 횡파를 활용한 것들이에요.

종파는 파동과 매질의 진동 방향이 나란한 경우를 말한답니다. 소리와 초음파 등이 해당이 돼요. 태아 검사나 세척기, 자동차 센서 등에 활용된다고 합니다.

[파동의 종류와 특징에 대해서 설명해 보세요.]

새로운 교육과정 수행평가

101가지 수행평가 주제 글쓰기

국어

101가지 수행평가 주제 글쓰기

영어

101가지 수행평가 주제 글쓰기

수학

101가지 수행평가 주제 글쓰기

과학

101가지 수행평가 주제 글쓰기

사회

101가지 수행평가 주제 글쓰기

기타

과학 신문 만들기

관련 주제: 과학 신문 만들기 (압구정중)

〈생각 열기〉 재미있는 과학 이야기들을 찾아 적어 보세요.

꿀샘의 글쓰기 Tip

과학 신문을 만들어 볼까요? 과학 신문이라면 어렵다는 생각 먼저 들지요. 하지만 과학 신문의 여러 가지 유형을 알면 도전하는 것이 어렵진 않을 거예요. 과학 신문은 과학을 주제로 만드는 신문이잖아요. 관심 있는 과학 이야기들을 생활 속에서 찾아 보는 것만으로도 훌륭하답니다. 과학에 관심과 흥미를 갖는 것으로 신문을 만드는 의미는 충분하니까요.

자신이 좋아하는 과학 기사를 스크랩하거나 과학자를 조사해도 좋겠죠. 과학에 관련된 4컷 만화를 그려보면서 과학 이론에 대해 쉽게 설명해 보는 것도요. 과학에 관련된 책을 읽고 독후감을 써 보는 것도 과학 신문의 한 꼭지로 훌륭하답니다.

어떻게 하면 읽기 좋게 꾸밀지 구상해 보세요. 읽고 싶을수록 과학 신문의 진가가 높아지니까요. 어느 부분에 어떤 내용을 넣으면 좋을지 생각해서 꾸며 보세요.

자기가 관심 있는 한 가지 분야에 대해서 깊이 있게 준비해 보는 것도 좋겠죠. 환경에 대해서 관심 있다면 그 분야의 과학자나 과학책 읽고 독후감 쓰기, 생활 속에서 느꼈던 환경에 대한 생각들, 기사나 논설문 등에 대한 자신의 견해를 적어 보는 것처럼 말이에요. 관심 있는 분야에 대해서 신문을 만들어 보세요. 주제를 선정하고 기사를 고르는 과정에서 과학에 대한 관심과 흥미가 높아질 거예요. 나만의 신문을 만들어 본다는 자부심도 생기게 될 테니까요. 즐겁게 만들어 보세요.

새로운 교육과정 수행평가

101가지 수행평가 주제 글쓰기 국어

101가지 수행평가 주제 글쓰기 영어

101가지 수행평가 주제 글쓰기 수학

101가지 수행평가 주제 글쓰기 과학

101가지 수행평가 주제 글쓰기 사회

101가지 수행평가 주제 글쓰기 기타

[재미있는 과학 이야기들을 모아 과학 신문으로 만들어 보세요.]

생물 보호하기

관련 주제: 생물 보호 글쓰기 (압구정중)

〈생각 열기〉 야생생물에 대해서 설명해 보세요.

새로운 교육과정 수행평가

101가지 수행평가 주제 글쓰기 국어

101가지 수행평가 주제 글쓰기 영어

101가지 수행평가 주제 글쓰기 수학

101가지 수행평가 주제 글쓰기 과학

101가지 수행평가 주제 글쓰기 사회

101가지 수행평가 주제 글쓰기 기타

꿀샘의 글쓰기 Tip

　야생생물이란 산이나 들, 강 등 자연 상태에서 사는 동물, 식물, 균류 등 모든 생명체를 의미합니다. 야생생물은 현 세대와 미래 세대가 함께 가지고 있는 공동의 자산입니다. 미래 세대를 위해 야생생물과 그 서식 환경을 적극적으로 보호하여야 하는데요. 야생생물이 잘 살아갈 수 있도록 그 서식지를 효과적으로 보호해야 합니다. 야생생물이 멸종되지 않도록 생태계의 균형 유지를 위해 노력해야지요. 그래서 야생생물을 산 채로 죽이거나 고통을 주는 행위를 나라에서 철저하게 금지하고 있습니다.

　야생생물 보호를 위해서 우리가 할 수 있는 일에는 어떤 것이 있을까요? 야생생물이 얼마나 귀한 생명인지를 깨닫는 것부터가 중요하겠지요. 내가 지나면서 만나는 아주 작은 벌레조차도 자연의 일부이며 생명체임을 인식하는 겁니다. 그것이 보호의 시작입니다. 작은 생명체를 이유 없이 죽이거나 없애는 행동을 하지 않는 것이 중요합니다. 우리와 똑같은 자연 생태계의 일부임을 알고 귀하게 대하세요. 어릴 때 길가의 작은 개미를 밟거나 괴롭혀 본 친구도 있을 거예요. 작고 하찮은 동물이기에 그래도 괜찮다는 생각은 위험한 발상입니다. 야생생물 보호는 그 생각을 바꾸는 것부터 시작됩니다.

　해줄 수 있는 것이 무엇인지 생각해 보면 세 가지 정도는 거뜬히 생각해 낼 수 있을 거예요. 인간이 살기 좋은 환경을 만들기 위해서 많은 야생생물이 희생되었어요. 그 생명체들도 우리와 같이 귀하게 대할 수 있는 방법을 생각해 보세요. 공존해 나갈 수 있는 좋은 방법들을 고민하는 거예요. 중요한 것은 생각에서만 그치면 안 된다는 것이겠죠. 여기서 생각해 본 것들을 지키기 위해서 노력하는 자세가 필요합니다. 생각을 넘어서 행동할 수 있는 용기가 세상을 더 살기 좋게 만든답니다.

[야생생물 보호를 위해 내가 할 수 있는 일을 세 가지만 써 보세요.]

새로운 교육과정 수행평가

101가지 수행평가 주제 글쓰기 국어

101가지 수행평가 주제 글쓰기 영어

101가지 수행평가 주제 글쓰기 수학

101가지 수행평가 주제 글쓰기 과학

101가지 수행평가 주제 글쓰기 사회

101가지 수행평가 주제 글쓰기 기타

과학 관련 직업 찾기

관련 주제: 과학과 관련된 직업 조사 (압구정중)

〈**생각 열기**〉 과학과 관련된 직업을 찾아서 분야별로 적어 보세요.

과학자가 꿈인 친구들 있나요? 어릴 때부터 과학 실험을 재미있게 했던 친구들은 그 꿈을 생각해 본 적이 있을 거예요. 그런데 말입니다. 과학자 중에서도 어떤 분야를 연구하는 과학자가 될지 생각해 본 적 있나요? 우리의 꿈은 막연하게 과학자입니다. 어떤 분야에서 정확히 어떤 일을 하는지 모르는 채 말이에요. 이번 문제를 통해서 과학 분야에 관련된 직업을 찾아보는 좋은 기회가 되지 않을까 싶네요.

직업에 관한 정보를 찾기에 좋은 곳이 바로 커리어넷입니다. 각종 직업에 대한 안내 및 학과에 대한 정보들이 방대하게 탑재되어 있거든요. 우리 친구들 같은 경우 무료로 진로 심리검사도 할 수 있어요. 자주 들어가서 관심 있는 직업에 대해서 살펴보면 도움이 될 거예요.

커리어넷에서 과학이라는 카테고리를 검색하니 많은 관련 직업이 나오네요. 미래 직업 파트를 살펴보면 의료기기 개발 전문가, 블록체인 전문가, 디지털 포렌식 수사관 등이 있네요. 인공지능 전문가나 생명공학자, 바이오 의약품 개발 전문가도 보이구요. 생물 정보 분석가나 항공우주 공학자, 기후변화 대응 전문가란 직업도 있습니다. 해양 에너지 기술자나 곤충 음식 개발자나 조리사, 캐릭터 디자이너 등 신선한 직업들도 검색되네요. 이 직업들이 각각 무슨 일을 하는지 찾아보세요. 자신의 흥미에 맞는 직업을 생각해 보는 데 도움이 될 거예요. 자주 사이트에 접속해서 여러 분야의 직업에 대한 관련 영상들을 확인해 보는 것도 좋습니다. 여러분의 진로 찾기에 도움이 될 거예요.

새로운 교육과정 수행평가

101가지 수행평가 주제 글쓰기 국어

101가지 수행평가 주제 글쓰기 영어

101가지 수행평가 주제 글쓰기 수학

101가지 수행평가 주제 글쓰기 과학

101가지 수행평가 주제 글쓰기 사회

101가지 수행평가 주제 글쓰기 기타

[과학 관련 직업 중에 관심 있는 직업 하나를 골라 자세히 적어 보세요.]

나의 미래 직업 명함

관련 주제: 나의 미래 직업 명함 만들기 (압구정중)

〈생각 열기〉 미래 직업 중에 유망한 직업을 소개해 보세요.

꿀샘의 글쓰기 Tip

　나는 미래에 어떤 직업을 갖게 될까요? 내 명함을 내밀었을 때의 당당함을 상상하며 명함 만들기 활동을 해 봐요. 미래 직업 명함을 만들기 위해서는 직업을 정해야겠지요. 하고 싶은 일이나 분야가 정해진 친구라면 고민이 없겠죠. 대부분의 학생은 아직 정해진 진로가 없을 거예요. 나에게 맞는 직업부터 검색해 봐야겠죠. 커리어넷 무료 검사를 통해서 나에게 맞는 분야를 검색해 보세요. 직업이 선정되면 관련 페이지를 꼼꼼하게 읽어 보세요. 그중에서 가장 마음에 드는 것으로 나의 미래 직업을 정해 보는 겁니다. 좋아하거나 잘하는 일로 직업을 상상해 봐도 좋아요. 미래에는 한 사람이 여러 직업을 가지는 것이 기본이라고 합니다. 다양한 분야의 직업을 연결해 봐도 재미있을 거예요.

진로의 방향이 어느 정도 정해졌다면 명함을 만들어 볼까요? 미래 명함이라면 지금의 형태와는 많이 다를 거예요. 독창적이고 창의적인 나만의 명함을 디자인해 보세요. 어떤 형태의 명함이었으면 좋겠는지 상상해 보세요. 직업명이나 직위, 이름이나 연락처가 들어가게 할지 생각해 보세요. 자신을 나타내는 한 문장으로 명함을 만들어도 좋겠죠. 내가 가질 직업을 잘 드러낼 줄 수 있는 디자인은 어떤 것일지 고심해서 정해 보세요. 한 줄의 위트 있는 카피를 통해 나를 표현해 보세요. 다른 사람과는 다른 명함으로 나를 표현해 보세요. 세상에서 단 하나뿐인 나의 모습, 그 누구보다 귀한 자신만의 명함을 통해 나를 나타내는 일은 즐거운 작업이 될 겁니다.

[나의 미래 직업 명함을 만들어 보세요.]

가스 안전 광고

관련 주제: 가스 안전 광고 만들기 (압구정중)

〈생각 열기〉 가스 안전 광고를 찾아서 내용을 정리해 보세요.

새로운 교육과정
수행평가

101가지 수행평가 주제 글쓰기
국어

101가지 수행평가 주제 글쓰기
영어

101가지 수행평가 주제 글쓰기
수학

101가지 수행평가 주제 글쓰기
과학

101가지 수행평가 주제 글쓰기
사회

101가지 수행평가 주제 글쓰기
기타

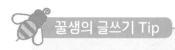

학교에서 가스 안전에 대해서 배운 적 있지요? 간단한 스티커를 보았거나 집에 가져가서 붙여 본 적이 있을 거예요. 그때 배웠던 가스 안전에 대한 내용을 광고로 기획한다면 어떻게 구성하면 좋을까요?

광고를 기획하려면 어디에 실을지 형태부터 정해야겠죠. 텔레비전 영상 광고도 있지요. 신문이나 지면을 통한 사진 광고와 글자만을 활용한 광고도 있을 거예요. 요즘은 sns를 통한 광고가 효과가 크고 빠르게 퍼져나가고 있죠. 어떤 형태의 광고를 선택할지 골라 보세요.

가스 안전에 관한 광고라면 공익광고의 성격이 강하죠. 누구나 알고 있고 필요한 내용이에요. 공익광고란 기업이나 단체가 공공의 이익을 목적으로 하는 광고입니다. 물건을 파는 광고와는 다른 형태일 거예요. 누구나 가스 안전이 중요하다는 것을 알고 있죠. 자칫 부주의로 인해 생길 수 있는 게 가스 사고예요. 잊지 말고 잘 챙겨야 한다는 내용을 광고로 만들면 어떨까요. 형식은 카드 뉴스로 만들면 배포하기도 쉽고요. 인쇄하거나 게시하기도 좋아요. 미리 캔버스 사이트에 들어가서 한 장의 카드 뉴스 혹은 여러 장으로 구성해 볼까요. 관련된 그림도 넣고 문구도 짤막하지만 강렬하게 지어서 넣어 봐요.

여러분은 어떤 광고를 선호하나요? 여러분의 기억 속에서 가장 재미있었거나 특색 있었던 광고를 패러디해 보세요. 무에서 유를 창조하기는 어렵잖아요. 따라하기부터 해 보는 겁니다. 비슷한 유형의 멘트로 광고를 기획해 보세요. 유명한 광고라면 패러디 광고만으로도 상상이 금방 될 거예요. 잘 잊히지 않는 재미있는 패러디 광고가 되겠죠. 모든 수행평가 과제가 그렇듯이 새로운 것을 만들어 내는 것은 굉장히 어려워요. 내가 경험했던 것에서 조금 다르게 생각을 확장해 나가는 것이 방법이에요. 거기서부터 생각을 확장해 보세요. 수행평가 글쓰기를 할 때 그 무엇보다 좋은 팁이 되어 줄 거예요.

[가스 안전 광고를 만들어 보세요.]

1. 광고 형태

2. 광고 내용

3. 광고 구성

새로운 교육과정
수행평가

101가지 수행평가 주제 글쓰기
국어

101가지 수행평가 주제 글쓰기
영어

101가지 수행평가 주제 글쓰기
수학

101가지 수행평가 주제 글쓰기
과학

101가지 수행평가 주제 글쓰기
사회

101가지 수행평가 주제 글쓰기
기타

관련 주제: 암석과 광물의 특징 구별 (대명중)

〈생각 열기〉 암석과 광물의 개념과 특징을 적어 보세요.

    광물은 규칙적인 결정 구조와 명확한 화학 구성을 갖는 고체입니다. 물리적 화학적 성질이 일정한 무기물인 고체를 말하는 거죠. 암석을 구성하는 단위예요. 한 가지나 두 가지 이상의 원소가 결합되어 만들어집니다. 암석은 광물이나 조암 광물이 자연적으로 이루어진 고체를 말합니다. 우리말로 돌 또는 바위라고 부릅니다. 광물의 비율에 따라서 종류나 색, 성질이 달라지게 됩니다.

    암석과 광물의 이름을 찾아보는 문제입니다. 현재까지 발견된 광물은 약 4,000개가량 된다고 해요. 광물은 암석을 이루는 것으로 암석을 이루는 주된 광물을 조암광물이라고 해요. 밝은색 조암광물에는 석영과 장석이 있죠. 어두운색 조암광물에는 흑운모, 각섬석, 휘석, 감람석이 있어요. 이 밖에 금, 황동석, 황철석, 흑운모, 적철석, 자철석 등이 있습니다. 광물이 어떻게 구성되느냐에 따라 암석이 만들어지니 종류는 엄청 많아요. 암석은 생성 과정에 따라 화성암, 퇴적암, 변성암으로 구분되죠. 화성암은 마그마가 식어서 굳어진 암석이에요. 화성암에 현무암, 안산암, 유문암, 반려암, 섬록암, 화강암이 있어요. 퇴적물이 바다나 호수 밑에 쌓여 생긴 퇴적암도 있죠. 퇴적암에는 셰일, 사암, 역암, 응회암, 석회암이 해당됩니다. 높은 열과 압력을 받아 암석의 성질이나 조직이 변한 암석은 변성암이에요. 점판암, 편암, 편마암, 규암, 대리암, 화강편마암이 있습니다.

    생활 속에서 암석과 광물 둘의 차이를 구별하기는 쉽지 않을 거예요. 박물관에 갔을 때 신경 써서 찾아보세요. 말로만 들어왔던 현무암이 어떻게 생겼는지요. 조사를 해 보고 나서 보면 더 색다르게 보일 거예요. 다뤄 봤던 내용이니까 더 쏙쏙 들어올 겁니다. 세상에 대한 탐구심이 중요해요. 관심 있게 봤던 것들은 예전에 봤던 것과 다르죠. 《어린 왕자》의 장미처럼 말이에요. 여러분의 다양한 관심사를 늘리는데 이 수행평가 글쓰기 책이 큰 도움이 될 거예요. 그런 의미에서 조금 지겨워도 끝까지 파이팅입니다!

[암석과 광물의 특징을 구별해서 설명해 보세요.]

101가지 수행평가 주제 글쓰기

Part 2

사회

주제 59	신나는 여행 계획하기

관련 주제: 여행 상품 계획하기 (영훈국제중)

〈생각 열기〉 내가 여행을 간다면 하고 싶은 것들을 적어 보세요.

여행이란 유람을 목적으로 다른 고장이나 외국에 가는 것입니다. 거주지를 떠나 다른 지방이나 국가로 가는 것이죠. 여행 계획을 세우기 위해서는 어떤 여행을 목적으로 하는지를 정해야겠지요. 견문을 넓히거나 휴양을 목적으로 여행을 설계할 수 있을 거예요.

내가 원하는 여행은 무엇인가요? 여행의 목적과 원하는 지역을 선택하세요. 나만의 여행 계획을 세우는 겁니다. 엄마 아빠의 계획대로만 움직이던 여행과는 달라요. 온종일 놀이기구를 타거나 놀이터나 바닷가에서 놀기만 해도 좋아요. 내가 가장 하고 싶은 것들로만 꾸미는 여행, 생각만 해도 너무 신나지 않나요? 여행에서 하고 싶은 것들을 가득가득 담아서 여행을 계획해 보세요. 여행을 통해 내가 얻고자 하는 것을 마음껏 누릴 수 있을 거예요. 신나고 알찬 여행 계획을 세워 보세요. 가능한지 아닌지보다 중요한 것은 여행을 마음껏 설계할 수 있다는 겁니다. 그것만으로도 우리는 충분히 행복한 시간을 보낼 수 있답니다. 멋지고 근사한 여행 계획을 기대할게요.

[내가 여행을 간다면 하고 싶은 것들로 일정을 짜 보세요.]

새로운 교육과정
수행평가

101가지 수행평가 주제 글쓰기
국어

101가지 수행평가 주제 글쓰기
영어

101가지 수행평가 주제 글쓰기
수학

101가지 수행평가 주제 글쓰기
과학

101가지 수행평가 주제 글쓰기
사회

101가지 수행평가 주제 글쓰기
기타

독도 노래 개사하기

관련 주제: 독도 홍보하기 (영훈국제중)

〈생각 열기〉 좋아하는 아이돌 노래 가사를 적어 보세요.

꿀샘의 글쓰기 Tip

　어려서부터 '독도는 우리 땅'이라는 노래 덕분에 독도를 들어봤을 거예요. 하지만 독도를 홍보한다고 생각하면 아는 게 없지요. 내 나라 내 땅이라고 주장하면서도 아는 게 없다면 어떻게 독도를 우리 땅이라 부를까요. 내 나라로 받아들이기 위해서 독도에 대해서 알아야겠지요.

　독도는 약 460~250만여 년 전에 생성된 걸로 추정됩니다. 동해의 해수면 상승으로 두 개로 나뉜 것으로 보여요. 4세기경에 만들어진 신라 양식의 토기가 발견된 것으로 보아 울릉도 주민들이 신라와 교류하고 있었던 것으로 추정돼요. 서기 512년 신라의 이사부가 우산국(또는 울릉도)를 항복시켰다는 기록이 《삼국사기》에 등장해요. 한편 《삼국사기》 지리지편을 보면 울릉도나 독도에 관한 기록이 전혀 없어요. 신라의 속국이 아니라 독자적인 정치 세력을 유지하고 있었을지도 모른다는 주장이 여기서 나온답니다. 후삼국 시대에는 고려의 태조 왕건에게 토산물을 바쳤다는 내용이 고려사에 나와요.

1530년 조선에서 펴낸 《팔도총도》에는 우산도가 실제의 이 섬의 위치와는 반대인 울릉도 서쪽에 그려져 있어요. 당시 지도 제작 수준으로 볼 때 정확하지 않은 것으로 보이나 독도가 지도에 등장한 거예요.

1618년에도 일본 막부가 무라카미 집안에게 울릉도로 건너갈 수 있는 허가를 내 주었다고 해요. 당시 일본에서는 이 섬을 '마쓰시마, 다케시마'로 불렀대요. 울릉도와 이 섬이 조선의 영토였으므로 막부에게 허락을 구했다는 말은 다른 나라로 건너가는 허가였을 거라고 보여져요. 1613년 조선 조정에서는 대마도주에게 공문을 보내 일본인의 울릉도 등지에 대한 왕래를 금하게 해요. 하지만 일본인의 울등도, 독도에 대한 고기잡이는 계속 되었죠. 1693년 안용복을 중심으로 동래, 울산 어부 40여 명이 울릉도에서 오오타니 가문의 일본 어부들과 충돌하게 돼요. 숙종 25년까지 약 6년에 걸쳐 두 나라 사이에 울릉도, 독도 영유권에 대한 논쟁이 발생하지요. 이때 조선 조정의 강력한 대응으로 "이후 다시는 울릉도 등지에 왕래하지 않겠다."는 일본 막부의 약속을 받아냄으로써 종결되었죠. 이 사건의 과정과 결과로 공식적으로 양국 최고 통치 기구에서 독도의 영유권을 공식적으로 인정해요. 독도가 울릉도의 부속이며 두 섬이 조선의 영토임을 확실히 했어요. 조선 조정에서 일본에 보낸 문서에 한결같이 울릉도와 독도가 예부터 내려온 조선의 영토임을 분명히 한 것이죠.

1952년 일본은 갑자기 대한민국에 독도에 대한 한국 영유권을 부정하는 외교 문서를 보내요. 독도가 일본 땅이라고 주장하기 시작한 거죠. 두 나라의 주장이 달라 아직까지 계속해서 독도에 대한 분쟁이 일어나고 있답니다.

이런 내용을 바탕으로 좋아하는 노래를 개사해 보세요. 의미 있는 작업이 될 거예요.

[좋아하는 아이돌 노래 가사를 '독도는 우리땅' 내용을 넣어서 개사해 보세요.]

예) 방탄소년단 다이나마이트

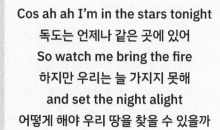

Cos ah ah I'm in the stars tonight
난 오늘 밤 별들 속에 있으니까
So watch me bring the fire
그러니 내가 불을 비추고
and set the night alight
밤을 빛내는 걸 지켜봐

⇒

Cos ah ah I'm in the stars tonight
독도는 언제나 같은 곳에 있어
So watch me bring the fire
하지만 우리는 늘 가지지 못해
and set the night alight
어떻게 해야 우리 땅을 찾을 수 있을까

새로운 교육과정 수행평가

10가지 수행평가 주제 글쓰기
국어

10가지 수행평가 주제 글쓰기
영어

10가지 수행평가 주제 글쓰기
수학

10가지 수행평가 주제 글쓰기
과학

10가지 수행평가 주제 글쓰기
사회

10가지 수행평가 주제 글쓰기
기타

| 주제 61 | 미래 도시 상상해서 그리기 |

관련 주제: 살기 좋은 도시 에너지 정책 수립 (영훈국제중)

〈생각 열기〉 30년 후 내가 만들고 싶은 미래 도시를 상상해서 그리고 설명해 보세요.

살기 좋은 도시란 어떤 걸까요? 내가 만들고 살고 싶은 곳이 그런 도시일 거예요. 에너지 정책을 수립하거나 도시 계획을 할 때는 목적을 명확하게 하는 게 중요해요. 내가 만들고 싶은 게 어떤 도시인지를 정하는 거죠. 역사적 가치를 살릴지, 편리함을 우선으로 할지 말이에요. 어떤 친구는 아름다운 도시를 혹은 역사유적 위주의 도시를 원할 수도 있어요. 내가 만들고 싶은 도시의 전체 모습을 정한 다음 시작해 보세요. 그것에 맞춰서 지역을 구성해야겠죠. 도시가 잠깐 세워졌다가 무너지지 않도록 계획하는 것도 중요해요. 지속 가능한 도시를 위해서 에너지가 잘 순환되어야겠죠. 쓰레기가 순식간에 쌓여 버린다거나 해결 방법이 없다면 곤란해요. 내가 만들고자 하는 도시에 어떤 문제점이 있을지 생각해 보세요. 그걸 해결하기 위한 대안까지도 도시 계획안에 넣는 게 좋아요.

도시에 사는 사람들이 편리하고 도시의 여러 기능을 다 할 수 있는 계획 말이에요. 교통이 혼잡하거나 생활 여건이 나쁘거나 자연환경이 망가지는 도시는 아닐지 생각해 보세요. 무엇보다 중요한 것은 살기 좋은 도시겠지요. 여러분이 꿈꾸는 미래 도시를 마음껏 표시하세요. 문제점은 차차 해결해 나가면 되는 거니까요. 지금 내가 살고 있는 도시의 불편함을 개선해서 여러분만의 도시를 만들어 보세요. 여러분의 이름을 붙여서 도시 이름을 지어도 좋겠지요. 독창적이고 창의적인 여러분의 도시를 만드는 것은 창작의 기쁨을 줄 거예요.

[살기 좋은 도시는 어떤 특징을 지니고 있을까요?
살기 좋은 도시를 위한 에너지 정책을 세워 보세요.]

여행 팸플릿 만들기

관련 주제: 여행 팸플릿 만들기 (대청중)

〈생각 열기〉 내가 갔던 여행지 중에서 기억에 남는 곳을 골라 좋았던 점을 적어 보세요.

　내가 계획하는 여행이라니 생각만 해도 즐겁지 않나요? 친구들에게 소개하고 싶은 나만의 비밀 여행지를 선택해 보세요. 내가 여행 갔던 곳 중에 가장 기억에 남는 곳 말이에요. 재미있고 친구들도 좋아할 만한 곳으로 고릅니다. 그다음 여행지 조사를 해야겠죠. 여행지를 검색해서 내가 갔던 때와 달라진 점을 찾아봐요. 내가 찾아내지 못했던 색다른 코스가 있는지도 검색하구요. 여행 일정을 제대로 짜보는 겁니다.

　그 여행지만이 가지고 있는 역사적 이야기나 종교, 문화, 예술 작품과 연계해서 팸플릿을 만든다면 더 매력 있죠. 지역을 소개할 때도 뻔한 특산물 보다는 작품 속 상품을 강조하세요. 여행자의 구미를 더욱 당길 거예요. 광고 문구에 여행지를 소개하는 노랫말을 넣어서 소개하면 어떨까요? 쉬우면서도 익숙한 멜로디에 가사만 바꿔 붙이는 거예요. 특색 있는 여행지 소개가 되겠지요. 그 지역을 소개할 수 있는 랜드마크를 그려 넣는다거나 형상화해서 이미지로 여행지를 소개해 보세요.

　다채로운 감각을 활용한 팸플릿은 여행지의 매력을 한층 끌어올릴 겁니다. 그 지역의 여행 가이드라고 생각하고 즐겁고 유쾌한 팸플릿을 만들어 보세요. 자신이 사랑하는 여행지를 소개하는 일은 즐거워요. 여러분의 설렘과 행복이 그대로 전해지는 팸플릿이 여행지를 매력적으로 만들어 줄 거예요.

새로운 교육과정 수행평가

101가지 수행평가 주제 글쓰기 국어

101가지 수행평가 주제 글쓰기 영어

101가지 수행평가 주제 글쓰기 수학

101가지 수행평가 주제 글쓰기 과학

101가지 수행평가 주제 글쓰기 사회

101가지 수행평가 주제 글쓰기 기타

[내가 가장 자주 가고 잘 알고 있는 한 지역을 선택해서
여행 팸플릿을 만들어 보세요.]

새로운 교육과정
수행평가

101가지 수행평가 주제 글쓰기
국어

101가지 수행평가 주제 글쓰기
영어

101가지 수행평가 주제 글쓰기
수학

101가지 수행평가 주제 글쓰기
과학

101가지 수행평가 주제 글쓰기
사회

101가지 수행평가 주제 글쓰기
기타

| 주제 63 | 미래의 아이들에게 지구 소개하기 |

관련 주제: 기후 관광 홍보물 제작 (압구정중)

〈생각 열기〉 온난화로 달라질 지구의 모습을 생각해서 적어 보세요.

2050년 지구는 어떻게 달라질까요? 동아일보에서 2010년에 발표한 자료를 살펴봤어요. 미래에는 기후 변화로 인한 연평균 기온 상승으로 전혀 다른 지구의 모습이 된다고 합니다. 1월에도 영하로 떨어지는 날이 거의 없어 자연 스키장은 사라질 거래요. 서울의 날씨는 지금의 오키나와와 비슷해지구요. 강수량이 17% 증가하고 태풍, 가뭄 등의 자연재해가 증가할 거랍니다. 한여름 폭염으로 서울에서만 연간 600여 명이 사망할 거래요. 대구, 명태 등의 한류 어종은 사라진대요. 참치, 문어, 고등어 등의 난류 어종이 증가해서 동해에서 참치잡이가 가능할 거라고 해요. 나무들도 변화가 생겨요. 소나무, 전나무, 자작나무, 밤나무가 멸종 위기가 될 거래요. 늘 우리 곁에 있어 줄 상록수라 생각했는데 그것도 아니었네요. 맛있는 밤을 먹을 수 없다니 그것도 속상하구요. 겨울철이 사라질 거래요. 벚나무가 겨울잠을 못 자서 꽃이 피지 않거나 산발적으로 필 거랍니다. 진해 벚꽃 축제는 열리기 어렵겠어요. 지금도 조금씩 체감하고 있는 기후 변화죠.

기후가 달라지면 이에 맞춰 어떻게든 살아야겠지요. 인간은 적응의 동물이니까요. 달라진 기후에 맞게 살아갈 방법을 찾을 거예요. 그것보다 중요한 것은 변화를 늦추는 거예요. 지구 온난화를 조금이라도 막는 노력이 필요하겠지요. 가정에서 할 수 있는 음식 쓰레기 줄이는 일부터 해보면 좋겠어요. 내가 찾아서 할 수 있는 일이 무엇일지 생각해 보세요. 지구는 나만의 것이 아니죠. 미래 세대에게 잠시 빌려 쓰고 있는 만큼 책임감 있게 지켜야 해요.

기후 변화가 되기 전 우리 지구의 소중한 모습을 소개하는 수행평가입니다. 지금 노력하지 않으면 맞이할 어려움을 검토해 보는 거죠. 우리가 누리고 있는 귀한 광경들을 생각해 보세요. 그 기후를 지키기 위해서 우리가 생각해 봐야 할 것들도요. 내가 지킬 수 있는 지구의 모습을 생각하는 데 도움이 될 거에요. 지금 누리고 있는 우리 지구의 모습과 내 생활이 얼마나 감사한지 생각해 볼 수 있는 소중한 시간이 될 듯합니다.

[지구 온난화로 달라질 지구 기후의 모습을 생각해 보고
미래의 아이들에게 소개하고 싶은 지구의 모습을 써 보세요.]

새로운 교육과정
수행평가

10가지 수행평가 주제 글쓰기
국어

10가지 수행평가 주제 글쓰기
영어

10가지 수행평가 주제 글쓰기
수학

10가지 수행평가 주제 글쓰기
과학

10가지 수행평가 주제 글쓰기
사회

10가지 수행평가 주제 글쓰기
기타

관련 주제: 다문화 만화 그리기 (압구정중)

〈생각 열기〉 다문화 친구들과 함께 할 수 있는 활동에 무엇이 있을까요?

🐝 꿀샘의 글쓰기 Tip

  '라떼는 말이야'를 한마디 해보자면 선생님이 어렸을 때는 우리나라를 단일 민족이라고 배웠답니다. 우리가 한민족임을 자랑스럽게 강조하기도 했었죠. 지금은 어때요? 여러분 엄마 아빠가 어렸을 때와는 전혀 다른 인구 구성을 보이죠. 우리나라에 거주하고 있는 외국인 수는 지속적으로 늘어나고 있어요. 우리나라도 다양한 인종, 민족, 종교, 문화를 가진 사람들이 어울려 살아가는 다문화 사회가 되고 있는데요. 외국인 근로자나 국제결혼 이민자, 유학생, 북한 이탈 주민 등을 주변에서 흔하게 볼 수 있게 되었어요.

  다문화 사회에서 갈등 없이 잘 살아갈 방법은 무엇일까요? 서로의 다름을 틀림으로 인정하지 않는 자세가 중요하겠지요. 다른 거지 틀린 게 아니에요. 이질적인 것을 잘 받아들이지 못하는 친구들에게 다문화 사회는 스트레스일 거예요. 앞으로 이러한 추세는 늘어날 거고 자연스러워질 거예요. 어떻게든 현명하게 받아들이는 게 중요하겠지요.

외국인들이 한국 생활에 잘 적응하고 어울릴 수 있도록 제도적으로 장치가 마련되어야 할 거예요. 국가 차원에서 법과 제도를 만들어 그분들을 이질적으로 느끼지 않도록 하는 게 중요하죠. 문화 다양성에 대해서 인정하고 받아들이려는 노력도 필요할 거예요. 자신의 생각을 만화로 재미있게 구성해 보세요.

[다문화 활성화를 위한 네 컷 만화를 그려 보세요.]

새로운 교육과정 수행평가

10가지 수행평가 주제 글쓰기 국어

10가지 수행평가 주제 글쓰기 영어

10가지 수행평가 주제 글쓰기 수학

10가지 수행평가 주제 글쓰기 과학

10가지 수행평가 주제 글쓰기 사회

10가지 수행평가 주제 글쓰기 기타

기사 제목 바꾸기

관련 주제: 뉴스 기사 선정하여 소감 작성하기 (압구정중)

〈**생각 열기**〉 재미있는 뉴스 기사를 골라 읽고 내용을 적어 보세요.

여러분은 뉴스를 어떤 통로로 만나나요? 엄마나 선생님에게 전해 듣나요? 아니죠. 스마트폰을 통해서 뉴스를 접하는 일이 많을 거예요. 하지만 뉴스를 읽으려고 하면 어려운 단어도 많이 나오고 문맥도 어렵죠? 읽다가 포기하는 일이 많지요. 정치나 경제 뉴스는 어려워요. 모르는 용어 때문에 읽고 싶지 않은 경우가 많답니다.

너무 어려워서 뉴스를 읽기 싫을 때는 가벼운 뉴스부터 접근해 보세요. 재미있는 소재의 뉴스죠. 문화나 스포츠 뉴스는 어떨까요? 연예인의 근황을 다룬 기사 중에도 생각할 수 있는 뉴스가 있을 거예요. 예를 들어 방탄소년단이 한류에 미치는 영향 같은 주제죠. 여러분이 관심 있으면서도 어렵지 않고요. 뉴스로서 가치도 있는 주제를 선정하는 게 중요해요.

빅카인즈라는 사이트가 있어요. 접속해서 검색창에 여러분이 관심 있는 뉴스 주제를 써보세요. 관련 기사가 나올 거예요. 뉴스를 찾는 것이 쉬워집니다. 마음에 드는 뉴스를 찾았다면 쭉 읽어 보세요. 모르는 단어를 밑줄 그어 보세요. 무슨 뜻일까 생각해 보세요. 문맥을통해 이해하는 거죠. 내용 이해가 되었다면 제목을 내 마음대로 느낌을 살려 바꿔 보세요. 뉴스와 가까워질 수 있는 기회가 될 거예요

[재미있는 뉴스 기사를 골라

뉴스 제목을 느낌을 살려서 내 마음대로 바꿔 보세요.]

주제 66 　　　　　　　　 **기후 관련 단어 마인드 맵**

관련 주제: 기후 마인드 맵 그리기 (단대부중)

〈**생각 열기**〉 우리나라의 기후에 대해서 설명해 보세요.

'기후' 하면 어떤 단어가 먼저 떠오르나요? '지구 온난화'라는 말이 떠오를 거예요. 전 세계적으로 이상 기후들이 속속 나타나고 있으니까요. 너무 견디기 힘든 여름 더위나 겨울 추위를 느껴본 적이 있지요? 그게 다 지구 온난화와 관련되어 있지요. 이번 수행평가를 통해서 지구 온난화에 대해서 제대로 알아보는 기회로 삼으면 어떨까요.

그 이외에 '기후'하면 어떤 단어가 떠오르나요? '우리나라의 기후는 어떤 기후일까? 세계에는 어떤 기후들이 존재할까?' 궁금증이 생기죠. 20개의 마인드 맵을 채우는 게 쉬운 일은 아니니까요. 세계 각국의 기후의 종류와 특징에 대해서 알아보는 것도 재미있겠네요.

기후는 우리와 떼래야 뗄 수 없는 관계에요. 내일 친구와 약속이 있는데 비가 오면 우산을 준비해야 하잖아요. 아침마다 오늘 날씨를 검색하고 하루를 시작할 텐데요. 가까이 있지만 '날씨' 이외에 기후에는 큰 관심이 없었지요. 기후에 관해서 자세히 찾아보세요. 그 과정에서 우리나라의 기후가 어떤지, 어떻게 변화하고 있는지 알아보세요. 세계 기후에 관해서도 찾아보구요. 지구 온난화가 왜 사람들의 관심사인지 알게 될 거예요. 지구 온난화를 막기 위해서 내가 할 수 있는 일들도 생각할 수 있겠지요. 이제부터 진짜 미래를 바꿔 놓을 기후에 대해 관심을 가져 봅시다.

관련 주제: 자연재해 신문 만들기 (단대부중)

〈생각 열기〉 올해 세계에서 일어난 자연재해를 조사해서 적어 보세요.

자연재해가 무엇일까요? 태풍, 홍수, 폭설 등 갑작스럽게 생기는 자연의 사고를 말합니다. 여름이 되면 태풍이 와서 피해를 입었다거나 홍수 때문에 힘들어하는 사람들의 뉴스를 본 적이 있을 거예요. 도시에서는 그럴 일이 잘 없지만요. 시골에서는 겨울에 눈이 너무 많이 와서 학교를 못 가는 일도 생기지요. 폭설로 인해 집이 가라앉는 사고도 종종 일어난답니다. 자연재해 관련해서 신문을 만들어 보는 건데요. 최근 있었던 자연재해에 대해 조사를 해 봐야겠죠. 이상 기후로 인해서 예전엔 상상도 못했던 자연재해들이 많이 일어나고 있잖아요. 관련 기사를 찾는 일이 어렵진 않을 거예요.

관련 기사로 재해 기사를 써 보는 거죠. 어떤 지역에 자연재해로 인해 어떠한 피해가 발생했는지를 조사해요. 기사는 정확한 팩트가 기반이 되어야 하니까요. 하나의 신문이나 미디어에서만 조사하면 사실을 보도하기 어려워요. 같은 사건에 대해서 여러 가지 기사를 비교해 보세요. 정확한 팩트를 기사로 작성해 보도록 합니다. 기사문 중에서 재해 모습을 잘 담은 사진도 확보해 두고요. 기사문의 내용을 어디서 참조했는지도 꼭 밝히도록 합니다. 저작권이 문제가 될 수 있으니까요. 정확하게 출처를 남기고 기사를 작성하도록 하세요.

자연재해를 조사하다 보면 끔찍한 광경에 많이 놀라게 될 거예요. 대비를 잘해서 자연재해를 막아야겠다는 생각도 들 거예요. 기사 마지막에는 그런 생각들을 정리해서 써 봐도 좋겠어요. 자연재해 소식을 전하는 것도 뉴스의 역할이지만요. 그것을 통해서 배울 수 있는 점을 전하는 것이 진짜 언론의 할 일이니까요. 기자가 되어 직접 뉴스를 작성해 보면 해결책이나 문제점이 보이기 시작할 거예요. 자신만의 의견을 담아 기사를 작성하는 거죠. 공중파 뉴스의 앵커보다 믿음직스럽고 강한 힘을 발휘하는 좋은 기사를 쓸 수 있을 거예요.

새로운 교육과정 수행평가
101가지 수행평가 주제 글쓰기 국어
101가지 수행평가 주제 글쓰기 영어
101가지 수행평가 주제 글쓰기 수학
101가지 수행평가 주제 글쓰기 과학
101가지 수행평가 주제 글쓰기 사회
101가지 수행평가 주제 글쓰기 기타

나는 어떤 사람일까 타이포셔너리 만들기

관련 주제: 나는 어떤 사람일까 타이포셔너리 제작 (단대부중)

〈생각 열기〉 나는 어떤 사람일까에 대해서 정리해서 적어 보세요.

 꿀샘의 글쓰기 Tip

　타이포셔너리는 단어의 의미를 보여 주는 그림을 글자와 함께 구성한 것입니다. '나는 어떤 사람일까'를 내 이름을 가지고 표현해 볼까요? '나' 하면 떠오르는 단어들을 생각해 보세요. 어떤 친구는 '밝다. 명랑하다. 솔직하다'라는 단어가 떠오를 거예요. 다른 친구는 '차분하다. 배려가 깊다. 조용하다' 이런 단어가 생각날 수도 있지요. 나를 나타내는 그림을 이미지화하기 위해서는 생각의 정리가 필요해요.

세로운 교육과정 수행평가 / 101가지 수행평가 주제 글쓰기 국어 / 101가지 수행평가 주제 글쓰기 영어 / 101가지 수행평가 주제 글쓰기 수학 / 101가지 수행평가 주제 글쓰기 과학 / 101가지 수행평가 주제 글쓰기 사회 / 101가지 수행평가 주제 글쓰기 기타

나에 대한 단어들을 몇 가지 찾았으면 그 단어들로 떠오르는 사물을 생각해 봐요. '밝고 명랑하고 솔직하다'는 단어로는 어떤 사물이 떠오를까요? 아주 귀엽고 방방 뛰는 강아지 이미지는 어떨까요? 그 강아지로 이름을 꾸며보는 거예요. 강아지 얼굴을 형상화해서 성을 써 보는 거죠. 강아지 얼굴 안에 이름을 집어넣어도 괜찮구요. 그림과 글자가 어울리는 과정을 통해서 '아! 저건 나다.'라는 느낌이 날 수 있도록 꾸미는 겁니다. 선생님은 태양을 그리면서 나를 표현하고 싶어요. 항상 열정적이고 뜨겁고 밝으니까요. 여러분은 자신에게서 어떤 것을 떠올릴 수 있을까요? 어떻게 그림으로 형상화할까요? 자신만의 특색을 잘 나타낼 수 있도록 멋지게 꾸며 보세요.

[나는 어떤 사람일까에 대한 타이포셔너리를 만들어 보세요.]

역사의 한 사건 신문 제작하기

관련 주제: 역사 신문 만들기 (목일중)

〈생각 열기〉 역사적 사건 중 하나를 선택하여 육하원칙으로 정리해 보세요.

새로운 교육과정 수행평가

101가지 수행평가 주제 글쓰기 국어

101가지 수행평가 주제 글쓰기 영어

101가지 수행평가 주제 글쓰기 수학

101가지 수행평가 주제 글쓰기 과학

101가지 수행평가 주제 글쓰기 사회

101가지 수행평가 주제 글쓰기 기타

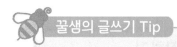

　신문 만들기 수행평가가 꽤 많죠. 여러 번 다양한 종류의 신문을 만들어 봤으니 어때요. 신문의 구성에는 자신이 생겼나요? 주제가 다르니 신문도 조금씩 다른 형태로 만들어 보면 좋을 거예요. 저라면 역사 신문이니까 태극기 모양이나 대한민국 국기 형태의 신문을 구상해 보겠어요. 뭔가 독특하면서도 역사 신문이라는 이미지를 단번에 전달해 주니까요.

　신문의 구성을 위해서는 단 하나의 역사적 사건을 선정해야겠죠. 잘 알려지지 않은 역사적 사건을 신문 주제로 잡아 보세요. 3·1운동 같은 경우는 대한민국 국민 중에 모르는 사람이 없잖아요. 대략적인 흐름 정도는 알고 있죠. 그런 사건은 신문으로 제작해도 크게 이슈가 되거나 관심이 생길 것 같지가 않아요. 일단 호기심을 불러일으키는 타이틀이 필요하잖아요. 역사적인 사건 중에 숨겨진 잘 몰랐던 이야기들을 찾아서 신문으로 구성해 보는 거예요. 독자들이 읽으면서 '아하!' 하는 순간을 만들어 주고 싶잖아요.

　그러기 위해서는 역사적 사건을 주제로 한 책 선정이 필요하겠죠. 한 가지 사건에 대해서 자세하게 서술한 책이 좋겠어요. 한 권에 한 가지 사건이 담겨 있다면, 그만큼 자세하게 서술이 되어 있겠죠. 알려진 사건 중에도 잘 모르고 있는 놀라운 비화 같은 게 담겨 있지 않을까요. 그 속속들이를 기사화하는 거죠. 내가 어렴풋이 알고 있다고 생각했던 사건에서 작은 비밀을 찾아내는 신문을 기획해 봐요. 친구들도 역사에 흥미가 생길 수 있을 테니까요. 한번 도전해 보세요.

[역사적 사건 중 하나를 선택하여 신문 한 면을 구상해 보세요.]

새로운 교육과정 수행평가

101가지 수행평가 주제 글쓰기
국어

101가지 수행평가 주제 글쓰기
영어

101가지 수행평가 주제 글쓰기
수학

101가지 수행평가 주제 글쓰기
과학

101가지 수행평가 주제 글쓰기
사회

101가지 수행평가 주제 글쓰기
기타

관련 주제: 법 관련 용어 정리 (목일중)

〈생각 열기〉 재미있거나 특이한 재판을 찾아 보세요.

🐝 **꿀샘의 글쓰기 Tip**

    재판이란 무엇일까요? 재판은 구체적인 분쟁 사건에 관하여 법원이 일정한 절차를 거쳐 최종적으로 내리는 판단을 말해요. 다툼이 생겼을 때 법원에서 서로의 주장을 듣고요. 관련 자료를 검토한 후 법을 적용해서 잘잘못을 따지는 과정이지요. 재판 과정을 실제 참여해서 본 적은 없지만 영화나 미디어를 통해서 접한 경험은 있을 거예요.

    재판을 이해하려면 가장 기본이 되는 것이 재판 용어지요. 판사와 검사, 변호사는 어떤 일을 하는 사람일까요? 원고나 피고, 소송 대리인은 어떤 사람들인지 정리해 봅시다. 민사 재판과 형사 재판은 어떤 차이가 있는지 알아봐요. 민사 재판 과정에서 소장도 등장하고 답변서나 증거, 변론이란 단어도 나옵니다. 형사 재판에서는 고소나 고발, 공소 제기, 신문과 변론, 판결이라는 용어들이 등장하죠. 재판의 결과에 승복하지 않을 경우 심급 제도도 있어요. 상급 법원에 다시 재판을 청구하는 상소를 통해서 억울함을 호소하는 거죠. 혹시나 잘못된 판단으로 피해볼 수 있는 상황을 줄이기 위한 일이기도 하구요. 재판 과정에서 나타날 수 있는 용어들을 찾아서 정리해 보세요. 영화나 드라마에서 나오는 법정 장면을 훨씬 더 잘 이해할 수 있을 거예요.

[재판 관련 용어를 정리해 보세요.]

새로운 교육과정 수행평가

10가지 수행평가 주제 글쓰기

국어

10가지 수행평가 주제 글쓰기

영어

10가지 수행평가 주제 글쓰기

수학

10가지 수행평가 주제 글쓰기

과학

10가지 수행평가 주제 글쓰기

사회

10가지 수행평가 주제 글쓰기

기타

민주주의 이념 알아보기

관련 주제: 민주주의 이념 (대왕중)

〈생각 열기〉 민주주의 이념을 정리해 보세요.

꿀샘의 글쓰기 Tip

　민주주의란 무엇일까요? 민주주의란 다수의 국민이 나라를 다스리는 정치 형태를 말합니다. 국가의 주권이 국민에게 있고 국민을 위하여 정치를 행하는 제도입니다. 일상생활에서 문제가 발생할 경우 비판과 토론, 대화와 타협, 다수결의 원리, 관용 등의 태도로 민주적으로 해결하는 생활 태도를 말하죠.

　민주주의의 기본 이념은 인간의 존엄성입니다. 모든 사람이 성별, 인종, 재산, 외모 등에 의해 차별받지 않고 존중받는 것을 말합니다. 모든 사람은 존재 그 자체만으로도 존중받을 자격이 있다는 것이죠. 인간의 존엄성을 실현하기 위한 전제 조건으로 자유와 평등이 있습니다. 자유란 국가나 다른 사람에게 구속받지 않고 자신이 원하는 대로 행동할 수 있는 것입니다. 국가의 부당한 간섭을 받지 않고 국가의 정책에 참여하는 자유 말이죠. 국가에 인간다운 삶을 요구할 수 있는 자유도 포함되죠.

다음으로 평등이 있습니다. 모든 사람이 성별, 인종, 재산, 신분 등에 의해 부당하게 차별받지 않고 동등하게 대우받는 것을 의미합니다. 모두에게 똑같이 대하는 형식적 평등과 개인의 차이를 고려하여 대우하는 실질적 평등이 이에 해당됩니다. 자유를 지나치게 강조하면 불평등이 심해집니다. 평등을 강조하면 자유가 침해될 수 있죠. 이 둘이 조화를 이루고 균형을 이룰 때 인간의 존엄성이 실현됩니다.

이러한 이념의 예를 가까운 일상에서 찾아서 서술해 보세요. 일상에서 민주주의의 이념이 이뤄지고 있다는 것을 쉽게 느낄 수 있을 거예요.

[민주주의 이념을 생활 속 예를 들어 설명해 보세요.]

미래 자원 탐구 보고서

〈생각 열기〉 미래 자원은 무엇이 있을지 생각해서 적어 보세요.

🐝 꿀샘의 글쓰기 Tip

　미래를 살아가기 위해 우리가 사용할 수 있는 자원은 무엇이 있을까요? 신재생 에너지란 에너지 공급 체계를 위하여 기존의 화석 연료를 변환하여 이용해요. 햇빛, 물, 지열, 생물 유기체 따위의 재생이 가능한 에너지를 변환하여 이용하는 에너지죠. 우리나라에서 지정한 신재생 에너지에는 11가지가 있어요. 태양열, 태양광, 지열, 수력, 해양, 풍력, 바이오, 폐기물, 연료전지, 석탄의 액화 및 가스화, 수소 에너지에요. 정부는 이 신재생 에너지 수출이 11만 명의 새로운 일자리를 창출할 거래요. 우리가 가질 직업 중에도 이 미래 자원을 활용한 직업이 있겠지요.

　신재생 에너지를 활용한 직업에 어떤 것들이 있을까요? 신재생 에너지로 우리의 의식주가 어떻게 달라질지 생각해 보면 관련된 직업을 생각해 볼 수 있겠죠. 집은 어떻게 달라질까요? 친환경 주택이 생길 거예요. 태양열 주택이나 스마트폰으로 관리하는 집은 어때요. 지금도 그 분야들이 주택에 활용이 되고 있잖아요. 그 분야가 확장되어 관련 직업들이 늘어나겠죠. 옷은 어때요? 코로나 이후로 개인 위생을 중요시하게 되었죠. 세균을 막아주는 옷감이 만들어질 거예요. 먹을거리도 바뀌겠죠. 친환경 제품도 있겠고, 3D 기술을 활용한 먹거리도 생길 거예요. 여러분이 관심 있는 분야의 직업을 상상해 보세요. 실제 그 직업이 생길지 안 생길지가 중요한 게 아니에요. 여러분의 무한한 상상력으로 직업을 그려보는 데 의미가 있지요. 엉뚱하고 상상하지 못했던 직업을 생각해도 좋아요. 재미있고 유익할 거예요. 발랄하고 창의적인 여러분의 상상력을 맘껏 발휘해 보세요. 미래는 여러분이 주인공으로 만들어 갈 거니까요.

[미래 자원을 활용한 나의 직업에 대해서 상상해서 적어 보세요.]

새로운 교육과정 수행평가

101가지 수행평가 주제 글쓰기 국어

101가지 수행평가 주제 글쓰기 영어

101가지 수행평가 주제 글쓰기 수학

101가지 수행평가 주제 글쓰기 과학

101가지 수행평가 주제 글쓰기 사회

101가지 수행평가 주제 글쓰기 기타

역할 갈등 사례 찾아보기

관련 주제: 역할 갈등 사례 (진선여중)

〈생각 열기〉 역할 갈등에 대해서 적어 보세요.

꿀샘의 글쓰기 Tip

　역할 갈등이란 무엇일까요? 한 사람이 여러 가지 역할을 하게 될 때 그 역할 간에 해야 할 일이 부딪힐 때 역할 갈등이라고 하죠. 예를 들어 엄마이면서 교사인 선생님은 어떤 역할 갈등을 겪을까요? 학교에서 교사 역할을 충실히 하다 보면 가끔 집에서도 선생님이 될 때가 있어요. 선생님이 아이 어린이집에 일일교사로 갔을 때에요. 선생님 역할에 몰두하다 보니 아이들 모두를 공정하게 대한 거예요. 집에 와서 아들이 서운하다며 엄청 울었답니다. 내 엄마인데 나한테 먼저 신경 써주지 않았다면서요. 그때 제게도 역할 갈등이 온 거죠. 엄마인데 선생님 역할을 하려고 하니까요. 아이가 서운할 수밖에 없었던 거예요.

　여러분에게도 여러 가지 역할이 있죠. 각각의 역할에서 바라는 모습이 다르지요. 혼란스러웠던 적이 있을 거예요. 친구들과 놀 때는 더 놀고 싶은 마음으로 착한 딸이 되기 어려울 수 있어요. 엄마가 저녁 먹기 전에 들어오라고 했지만, 친구들과 놀다 보면 늦어지죠. 딸과 친구로서의 역할이 갈등을 일으키는 예지요. 이런 예시를 찾아서 적어 보세요. 자신의 역할 갈등을 예시로 들면 훨씬 더 생동감 있는 글이 될 거예요. 언제 왜 무엇 때문에 어려웠는지 속속들이 느낌을 적을 수 있을 테니까요. 수행평가 글쓰기라고 해서 어려워할 필요 없어요. 내가 경험하고 생각한 것들을 적어 보면 됩니다. 어떤 명문보다 감동과 진실성이 있는 글이 될 거예요.

[역할 갈등 사례를 예를 들어 설명해 보세요.]

새로운 교육과정 수행평가

101가지 수행평가 주제 글쓰기 국어

101가지 수행평가 주제 글쓰기 영어

101가지 수행평가 주제 글쓰기 수학

101가지 수행평가 주제 글쓰기 과학

101가지 수행평가 주제 글쓰기 사회

101가지 수행평가 주제 글쓰기 기타

독도수호대에 편지쓰기

관련 주제: 독도 수호 편지쓰기 (진선여중)

〈**생각 열기**〉 독도수호대에 대해 조사해서 적어 보세요.

🐝 꿀샘의 글쓰기 Tip

　독도수호대는 홈페이지에 보면 무슨 일을 하는지 나와 있어요. 명확한 근거와 자료를 바탕으로 독도 문제를 올바로 인식하게 하고 합리적인 대안을 제시하지요. 실천적인 노력을 통해 독도의 정통성을 확고히 하고 민족 화합과 통일에 이바지하기 위해 2000년에 결성되었대요. 현재 학술 조사 연구와 자료집 발행, 강연회, 전시회, 해외 오류 정보 시정 활동 등을 하고 있다고 합니다. 2000년부터 독도의 날(10월 25일)을 국가기념일로 제정하기 위해 국회 청원, 1000만 서명 운동을 하고 있대요. 2004년 최초로 독도 수질 검사를 실시해 부실한 관리 정책을 개선했다고도 해요. 독도수호대는 전 세계에 잘못 알려진 독도와 동해 정보를 바로잡기 위해 일본인을 위한 일본어 홈페이지를 운영할

거래요. 자료집 발행과 일본 현지 자료집 배포 등의 활동을 지속적으로 해 나
갈 예정이라고 합니다.

독도를 위해 열심히 일하고 있는 독도수호대에 편지를 써 보세요. 독도에 대
해서 잘 몰라서 미안하다는 내용은 어떨까요? 관심을 더 가지겠다는 다짐을 담
아도 좋을 거 같아요. 뭐든 솔직하게 써 보세요. 이렇게 알고자 노력하는 것만으
로도 독도수호대에게 큰 힘이 되지 않을까 싶네요.

[독도수호대에 편지를 써 보세요.]

새로운 교육과정 수행평가

101가지 수행평가 주제 글쓰기 국어

101가지 수행평가 주제 글쓰기 영어

101가지 수행평가 주제 글쓰기 수학

101가지 수행평가 주제 글쓰기 과학

101가지 수행평가 주제 글쓰기 사회

101가지 수행평가 주제 글쓰기 기타

정부의 형태 알아보기

관련 주제: 정부 형태에 대한 마인드맵 (세화여중)

〈생각 열기〉 삼권 분립에 대해서 조사해서 적어 보세요.

정부의 형태에는 전형적으로 두 가지가 있습니다. 의원내각제와 대통령제가 그것입니다. 의원내각제는 입법부와 행정부의 관계가 상호 의존적인 정부 형태입니다. 영국에서 국왕과 의회가 갈등과 타협을 거듭하며 형성되었어요. 의회는 국민이 직접 선출한 의원으로 구성돼요. 의회 다수 세력이 내각을 구성하여 국정이 운영됩니다. 수상과 내각 각료의 의회 의원을 겸직하고 내각의 법률안 제출 등을 통해 의회와 내각이 긴밀하게 협력합니다. 내각의 정치적 책임감이 높고 국민의 요구에 민감해요. 의회와 내각이 협조하면 원활한 국정 운영이 가능합니다. 다수 세력의 횡포 우려와 연립 정부 등의 상황에서 국정 불안을 초래할 가능성을 가지고 있어요.

대통령제는 입법부와 행정부의 관계가 상호 독립적인 정부 형태입니다. 미국에서 의회 권력에 대한 견제가 강조되어 고안되었어요. 대통령과 의회 의원이 별도의 선거로 선출되며 임기가 보장됩니다. 입법부와 행정부가 독립적으로 기능하며 국민에게만 책임을 집니다. 대통령의 임기가 보장되고 안정적이며 일관된 정책을 추진할 수 있어요. 대통령의 임기가 보장되기 때문에 국민의 정치적 요구에 둔감하게 반응할 우려가 있죠. 여대야소 상황에서 행정부와 의회 대립 시 갈등 중재가 어렵습니다.

이해하기 어렵지요. 쉽게 설명할 수 있었으면 좋겠는데 단어가 어렵습니다. 팁에서 모르는 단어들을 찾아서 뜻을 알아보세요. 그중에서 마음에 드는 단어들로 마인드 맵을 꾸며 보세요. 15가지 정도 단어를 익혀 보는 것만으로도 공부가 될 거예요.

새로운 교육과정 수행평가
101가지 수행평가 주제 글쓰기 국어
101가지 수행평가 주제 글쓰기 영어
101가지 수행평가 주제 글쓰기 수학
101가지 수행평가 주제 글쓰기 과학
101가지 수행평가 주제 글쓰기 사회
101가지 수행평가 주제 글쓰기 기타

[정부의 형태에 대해서 마인드 맵으로 표현해 보세요.(단어 15개 이상 사용)]

재판 과정 알아보기

관련 주제: 전래동화를 통해 재판 이해하기 (세화여중)

〈**생각 열기**〉 재판의 과정을 조사해서 적어 보세요.

새로운 교육과정
수행평가

101가지 수행평가 주제 글쓰기
국어

101가지 수행평가 주제 글쓰기
영어

101가지 수행평가 주제 글쓰기
수학

101가지 수행평가 주제 글쓰기
과학

101가지 수행평가 주제 글쓰기
사회

101가지 수행평가 주제 글쓰기
기타

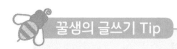

재판 과정을 알아보는 수행평가입니다. 재판에는 민사 재판과 형사 재판이 있지요. 민사 재판은 개인과 개인 사이에서 일어나는 분쟁을 해결하는 재판입니다. 형사 재판은 범죄가 발생한 경우 죄를 저지른 것으로 의심받는 사람의 죄를 따져보는 것이지요. 이 두 재판은 절차도 서로 다릅니다.

민사 재판의 경우, 원고 즉 소를 제기한 사람이 소장을 법원에 제출해요. 법원이 소장을 소를 제기당한 사람인 피고에게 전달하지요. 피고는 법원에 답변서를 제출해요. 답변서를 제출 안 하거나 변론 기일에 출석하지 않으면 원고의 주장이 모두 인정되지요. 양측이 서로 주장의 근거를 법원에 제출해요. 그 자료를 보고 법원이 판결을 내리지요.

형사 재판의 경우는 고소나 고발로 사건이 시작돼요. 검사와 검사의 지휘를 받은 경찰이 사건을 수사하죠. 검사가 법원에 처벌을 요구합니다. 검사 측 신문과 피고인 측의 변론이 이어지고요. 법원이 판결을 내리는 과정이지요.

토끼의 재판 이야기를 생각해 보세요. 토끼의 재판은 어떤 재판에 해당이 될까요? 함정에 빠진 호랑이를 구해 주자 호랑이가 사람을 함정에 빠트리죠. 사람은 너무 억울해서 바위를 찾아가 판단을 부탁하죠. 평소 사람을 좋아하지 않던 바위는 호랑이에게 유리하게 판결을 내립니다. 다음으로 토끼한테 가서 재판을 부탁하죠. 토끼는 상황을 재연해 보자고 합니다. 토끼의 말에 따라 다시 함정으로 들어간 호랑이를 보고요 토끼는 사람에게 유리한 판단을 내리지요. 민사 재판일까요? 형사 재판일까요? 여러분이 판단해 보세요. 이야기의 과정을 재판의 순서에 맞게 재구성해 보세요. 내가 재판에 참여해 보지 않았어도 배심원이 된 것처럼 재판의 과정을 느낄 수 있을 것입니다.

[전래동화 〈토끼의 재판〉을 통해 재판의 과정을 설명해 보세요.]

제주도 여행 안내 팸플릿

관련 주제: 제주도 여행 안내서 (세화여중)

〈**생각 열기**〉 제주도에서 소개하고 싶은 여행지를 찾아 적어 보세요.

가족 여행을 갔을 때 여행 안내소에 가본 적이 있나요? 여행 안내소에서 팸플릿을 챙겨서 코스를 짜 본 적 있을 거예요. 인터넷에서 정보를 알고 가더라도 안내소의 팸플릿을 챙겨 보죠. 지역에 대한 최신의 정보와 알짜배기 추천 경로들이 나와 있어요. 많은 도움이 되지요. 여행 팸플릿에는 어떤 내용들이 담겨 있었나요? 지역의 추천 여행지, 추천 코스, 맛집, 특산물 안내 등이 포함되죠. 정기 할인권이나 큐알코드를 통해 미리 만나보는 여행지 동영상을 싣기도 해요. 한쪽에는 지역의 지도를 그려서 어디에 어느 명소가 있는지 꼼꼼하게 알려 주죠. 문화재 소개나 역사 이야기 등을 실어서 흥미를 높이기도 합니다.

내가 만들 여행지 팸플릿에는 어떤 내용을 어떻게 구성해서 담아볼지 생각해 보세요. 제주도 팸플릿이라니 생각만 해도 신이 나지요. 제주도는 항공기 정보나 여행지 쿠폰이나 할인 코드까지 담는다면 더 알찬 팸플릿이 되겠어요. 어느 내용들로 구성할지를 정했다면 자료를 찾아야겠죠. 제주도에는 많은 관광지가 있잖아요. 테마로 관광지를 선택해 보면 어떨까요? 동물을 만날 수 있는 여행지나 놀이 시설을 즐길 수 있는 곳 등 말이죠. 팸플릿에 모든 여행지를 다 담을 수는 없어요. 선별하는 게 중요하죠. 사람들이 가장 좋아하는 요소를 담아 보세요. 꼭 추천하고 싶은 내용으로 꾸며 보세요. 만드는 사람의 여행지에 대한 애정이 듬뿍 느껴져서 더 멋진 팸플릿이 되지 않을까 싶네요.

졸음
격파!

새로운 교육과정 수행평가

101가지 수행평가 주제 글쓰기 국어

101가지 수행평가 주제 글쓰기 영어

101가지 수행평가 주제 글쓰기 수학

101가지 수행평가 주제 글쓰기 과학

101가지 수행평가 주제 글쓰기 사회

101가지 수행평가 주제 글쓰기 기타

선거 포스터 만들기

관련 주제: 선거 공보물 제작(월촌중)

〈생각 열기〉 지방 선거나 대통령 선거 공약집을 살펴보고 마음에 드는 정책을 골라서 적어 보세요.

새로운 교육과정
수행평가

101가지 수행평가 주제 글쓰기
국어

101가지 수행평가 주제 글쓰기
영어

101가지 수행평가 주제 글쓰기
수학

101가지 수행평가 주제 글쓰기
과학

101가지 수행평가 주제 글쓰기
사회

101가지 수행평가 주제 글쓰기
기타

　지방 선거나 대통령 선거에서 포스터를 본 적 있죠? 번호대로 붙어 있는 포스터를 유심히 본 적이 있나요? 후보자의 커다란 사진 아래 이름과 선거 구호가 적혀 있었을 거예요. 주요 정책이나 강력하게 주장하는 바를 담은 포스터도 있겠죠. 유치하기도 하고 눈길을 확 끄는 포스터도 있었을 텐데요. 사진이나 문구 하나, 색감까지도 전부 이미지 메이킹 회사에서 철저하게 계산해서 올린 거라는 걸 아나요? 아무렇게나 꾸민 게 아니에요. 많은 계산을 통해 후보자의 이미지를 상승시켜 줄 수 있는 문구나 사진을 선택한답니다. 평온해 보이고 인자함을 강조하는 후보라면 부드러운 미소의 사진을 쓰겠죠. 나이가 많은 후보라면 젊다는 것을 강조하기 위해서 파란색 계열을 사용할 거구요. 자신이 가진 장점은 살리고 단점을 감출 수 있는 포스터를 만드는 게 중요해요.

　만약 선거에 입후보 한다면 어떤 선거에 나갈까요? 기왕 나가는 거 대통령 후보 포스터를 만들어 보면 어떨까요? 만들고 싶은 나라를 그려 보는 거예요. 이 나라에서 가장 이루고 싶은 것을 중점적으로 생각해서 공약으로 만들어 보세요. 공약이 도드라지게 나타날 수 있는 선거 문구를 작성해 보는 거죠. 사진은 어떤 이미지를 강조할까도 생각해 보세요. 10대 후보니까 젊음과 변화의 열정을 강조하면 어떨까요? 어리지만 깊은 생각과 통찰력을 가진 면을 강조해도 좋겠어요. 내가 속한 당 이름도 지어 보구요. 내가 만들고 싶은 나라와 정책을 생각해서 포스터를 제작해 보세요. 역대 대통령 당선인들의 포스터를 검색해 장점들을 모아서 만들어도 좋겠어요. 어떤 문구와 사진을 썼을 때 유리한지 알게 될 테니까요. 한 나라의 최고 통치권자가 되는 일이 어떤 의미인지 생각해 볼 수 있을 거예요.

[내가 선거에 나간다고 생각하고 선거 포스터를 만들어 보세요.]

새로운 교육과정 수행평가

10가지 수행평가 주제 글쓰기 국어

10가지 수행평가 주제 글쓰기 영어

10가지 수행평가 주제 글쓰기 수학

10가지 수행평가 주제 글쓰기 과학

10가지 수행평가 주제 글쓰기 사회

10가지 수행평가 주제 글쓰기 기타

Part 2 도덕, 기술가정, 한문, 정보

주제 79	좋은 친구의 조건 써보기

관련 주제: 좋은 친구 되는 법 (대청중)

〈생각 열기〉 나와 친한 친구는 어떤 점이 좋은지 적어 보세요.

새로운 교육과정 수행평가

101가지 수행평가 주제 글쓰기 국어

101가지 수행평가 주제 글쓰기 영어

101가지 수행평가 주제 글쓰기 수학

101가지 수행평가 주제 글쓰기 과학

101가지 수행평가 주제 글쓰기 사회

101가지 수행평가 주제 글쓰기 기타

친구 관계에 관심이 많은 학생들에게 진짜 필요한 문제입니다. 여러분은 진짜 친구와 가짜 친구, 좋은 친구와 나쁜 친구를 구별할 수 있나요? 쉽지 않을 거예요. 나에게 잘해 주고 친절하게 대해 주면 좋은 친구라고 생각하지요. 그럴 수 있어요. 하지만 부드럽게 이야기하면서도 나를 쉽게 대하거나 함부로 대하는 모습이 있는 건 아닌지 잘 생각해 봐야 해요. 선물 공세를 하면서 다가오는 친구들도 있죠. 먹을 것을 나눠 먹고 선물을 주니 좋은 친구라고 느껴질 거예요. 그 친구가 그 선물을 통해서 바라는 것이 무엇인지 생각해 볼 필요가 있어요. 친구가 점점 중요해지는 여러분에게 꼭 필요한 생각이지요.

좋은 친구란 어떤 친구일까요? 이 문제의 답을 찾기 위해서는 좋지 않은 친구의 조건을 찾는 것이 우선이겠지요. 친절하게 말하면서 남의 약점을 놀리는 거는 분명 좋지 않은 친구일 거예요. 그런 친구의 조건을 좋은 방향으로 바꾸려면 어떻게 할까요? 나의 단점이나 고칠 점을 발견하면, 둘이 있을 때 조용히 말해 주는 친구, 어때요? 이런 식으로 진짜 별로인 친구 먼저 생각해 보세요. 영 아니다 싶은 친구의 조건을 반대로 바꿔 보는 거죠. 좋은 친구의 조건을 찾는 것이 쉬워질 거예요. 어떤 친구가 진짜 좋은 친구일까 생각해 보세요. 점점 많은 친구를 만나게 될 거고, 친구 사귀는 데 나만의 기준이 필요할 테니까요. 이번 과제를 통해 좋은 친구를 사귀는 특별한 눈을 기르기 바랍니다.

[좋은 친구에게 필요한 10가지 조건을 생각해서 적어 보세요.]

새로운 교육과정
수행평가

10가지 수행평가 주제 글쓰기
국어

10가지 수행평가 주제 글쓰기
영어

10가지 수행평가 주제 글쓰기
수학

10가지 수행평가 주제 글쓰기
과학

10가지 수행평가 주제 글쓰기
사회

10가지 수행평가 주제 글쓰기
기타

주제 80 **청소년기의 변화에 대한 마인드 맵**

관련 주제: 청소년기 변화에 대한 마인드 맵 (단대부중)

〈생각 열기〉 청소년기의 특징을 적어 보세요.

청소년기 하면 어떤 단어가 떠오르나요? 중2병, 반항, 질풍노도의 시기, 왕따, 친구 같은 단어죠. 벌써 다섯 개나 단어를 찾았네요. 마인드 맵을 위해서 청소년 하면 떠오르는 큰 덩어리의 단어들을 생각해 보세요. 청소년기는 자아 정체감이 생기고 독립을 꿈꾸는 시기죠. 친구가 중요하고 합리적인 사고를 하기 시작해요. 이런 부분들을 뿌리 단어로 삼으세요. 그 부분을 확장해서 단어들을 찾아나가면 됩니다.

청소년이 자신의 변화에 관심을 가지는 것은 정말 중요해요. 내 변화를 알아야 상황에 대처할 수 있어요. 문제가 생겼을 때 '스스로에게 괜찮다.'라고 말해 줄 수 있죠. 자신에 대해서 긍정적인 마인드를 가질 때 건강한 청소년이 될 수 있어요. '나는 왜 이러지? 왜 이것밖에 안되지?'라고 실망하기 전에 청소년기에 대해서 공부하세요. 나만 그런 게 아니란 걸 알게 될 거예요. 가슴이 나오기 시작하는 초기 사춘기에는 부끄럽죠. 몸을 웅크리고 다니는 친구들도 많아요. 나만 그런 게 아니라는 생각이 들면 당당하게 어깨를 펼 수 있답니다. 다른 것도 마찬가지에요. 청소년기의 변화와 어려움이 당연하다는 생각을 해 보세요. 많은 정보를 찾아보면서 말이죠. 내 변화가 너무나 자연스럽고 당연한 것임을 알게 되는 순간, 나를 더 사랑할 수 있을 거예요.

집중! 파고들기!

[청소년기 하면 생각나는 단어들로 마인드 맵을 만들어 보세요.(단어 20개 이상)]

새로운 교육과정
수행평가

101가지 수행평가 주제 글쓰기
국어

101가지 수행평가 주제 글쓰기
영어

101가지 수행평가 주제 글쓰기
수학

101가지 수행평가 주제 글쓰기
과학

101가지 수행평가 주제 글쓰기
사회

101가지 수행평가 주제 글쓰기
기타

주제 81   발명 아이디어 구상하기

관련 주제: 발명 아이디어 (대명중)

〈생각 열기〉 '세기의 발명품'이라고 생각하는 발명품에 대해 써 보세요.

발명품을 어떻게 만들까요? 발명품은 생활의 불편함에서 시작합니다. 자주 사용하는 것인데 조금만 개선되면 좋겠다고 생각하는 데서 발명의 아이디어가 시작되죠. 가끔 학교에서 발명품 대회 홍보가 나오면 두려운 생각이 들었을 거예요. '내가 무슨 수로 발명을?'이라고 생각하기도 했겠죠. 하지만 아니에요. 발명 아이디어는 누구나 낼 수 있고요. 실현할 수 있답니다. 발명을 생각하면 내 생활의 불편에서 시작하지만 아닌 경우도 있어요. 사랑하는 사람의 불편함을 해소해 주고 싶은 마음이 출발이기도 해요. 엄마가 주방에서 무언가를 만드는 데 늘 불편해 보이는 것을 개선해 주고 싶은 마음 말이에요. 간단하게 만들어도 불편함이 개선된다면 무엇보다 좋은 발명품일 수 있어요.

세기의 발명품들은 어떻게 만들어졌을까요? 불편함의 개선에도 목적이 있었지만, 관찰에서 만들어진 게 대부분이에요. 자연을 자세히 관찰하며 저걸 그대로 따라 만든다면 어떨까 생각해 낸 거죠. 새의 존재를 보면서 비행기를 상상했던 것처럼 말이에요. 자연의 섭리를 관찰하면서 발명이 시작됐지요. 예를 들어 바퀴를 생각해 봐요. 동물들에게 다리가 있는 것을 보고 물건에도 다리 역할을 할 수 있는 게 있다면 좋겠다 한 거죠. 처음엔 돌이나 나무로 둥글게 만들었을 거예요. 살이 달린 바퀴로 발전했구요. 지금 쓰고 있는 다양한 바퀴 모양이 되었겠죠. 자연의 현상들을 관찰하다 보면 발명의 아이디어를 얻을 수 있어요. 자연을 어떻게 인간에게 유리하게 변형해서 만들까 하고 말이에요. 자연을 유심히 관찰해 보세요. 창의적인 아이디어가 떠오를 수 있답니다.

[만들고 싶은 발명품에 대한 아이디어를 마음껏 적어 보세요.]

새로운 교육과정 수행평가

101가지 수행평가 주제 글쓰기 국어

101가지 수행평가 주제 글쓰기 영어

101가지 수행평가 주제 글쓰기 수학

101가지 수행평가 주제 글쓰기 과학

101가지 수행평가 주제 글쓰기 사회

101가지 수행평가 주제 글쓰기 기타

청소년기 신체적 · 인지적 발달 특징

관련 주제: 청소년기 발달 특징 (목일중)

〈생각 열기〉 청소년이 되면서 달라진 점을 적어 보세요.

🐝 꿀샘의 글쓰기 Tip

　　청소년기는 아동이 신체적, 인지적, 정서적, 사회적으로 급격하게 발달하여 성인이 되어 가는 과도기입니다. 성장 호르몬과 2차 성징이 나타남에 따라 급격하게 달라짐을 경험하게 되죠. 청소년이 되었을 때 어떤 변화를 겪게 되는지 알아보는 수행평가예요. 자신이 어떤 변화를 겪을지 미리 알 수 있어요. 자신에게 변화가 왔을 때 당황하지 않을 거예요. 자세하게 조사해서 적어 보세요.

청소년기는 성호르몬 분비가 늘어나면서 남녀 차이가 두드러지죠. 남자는 수염이 나거나 목소리가 굵어져요. 어깨가 넓어지고 근육이 발달하죠. 몽정 등 첫 사정을 경험하게 되기도 해요. 여자는 어떻게 달라질까요? 유방과 엉덩이, 골반이 발달해요. 피하지방이 늘어나고 초경을 하게 됩니다. 남녀 둘 다 여드름이 나거나 겨드랑이와 음모에 털이 나게 돼요. 이렇게 달라지는 게 느껴진다면 청소년기라고 생각해도 좋겠네요.

인지적으로는 어떤 점이 달라질까요? 자기중심적 사고가 나타나기 시작해요. 세상이 자기중심으로 돌아간다고 생각하는 거죠. 갑자기 근거 없는 자신감이 생기거나 남들이 모두 자신만 바라보는 듯한 착각에 빠지기도 해요. 타인의 시선을 무척 신경 쓰기 자신의 외모나 행동에 예민하게 반응하죠. 집 앞 슈퍼를 나가는 데도 꾸미는 데 한 시간이 걸리거나 샤워를 몇 시간씩 하기도 한답니다. 청소년기 뇌의 변화로 인한 자연스러운 현상이에요.

뇌가 폭발적으로 발달하면서 추상적인 사고를 할 수 있게 되죠. '공부에는 때가 있다.'라는 말처럼 이때 지적 능력이 몰라보게 발달해요. 공부도 잘되고 흡수가 빠르다는 특징이 있답니다. 그래서 그 수많은 공부들을 깨우치고 익힐 수 있는 거예요. 급격한 뇌 발달을 겪으며 정서가 불안해지기도 해요. 감정이 오락가락할 수 있어요. 호르몬 변화 때문이니 너무 염려하지 않아도 됩니다. 내 마음을 잘 모르겠고 표현에도 서툴기 때문에 갈등이 생기기도 하죠. 정서 발달 시기임을 이해할 필요가 있어요.

청소년기는 제2의 성장 및 도약의 시기라고 해요. 태어나서 세 살까지 폭발적으로 성장했던 것과 비슷한 변화가 생기는 거예요. 어릴 때는 생존을 위한 기능들이 발달했다면 이제는 고등 과정의 사고가 가능하도록 몸과 마음이 변해요. 성인이 되어 독립할 수 있도록 많은 준비를 하는 시기예요. 인생에서 아주 중요한 시기랍니다. 이때 내가 나를 긍정의 눈으로 바라보는 게 중요해요. 지금은 부족해 보여도 비약적으로 발전하고 있으니까요. 나를 더 아껴 주고 사랑해 줄 필요가 있죠. 그것은 나 자신의 변화를 아는 것에서부터 시작할 수 있어요. 여러분이 청소년기의 변화에 관심을 가져야 할 이유랍니다.

[청소년기의 발달 특징을 신체적, 인지적으로 나눠서 써 보세요.]

1. 신체적

2. 인지적

새로운 교육과정 수행평가

101가지 수행평가 주제 글쓰기
국어

101가지 수행평가 주제 글쓰기
영어

101가지 수행평가 주제 글쓰기
수학

101가지 수행평가 주제 글쓰기
과학

101가지 수행평가 주제 글쓰기
사회

101가지 수행평가 주제 글쓰기
기타

주제 83 　　의복 재료와 관리법

관련 주제: 의복 재료에 따른 관리 안내서 만들기 (원촌중)

〈생각 열기〉 의복 재료를 분류해 보세요.

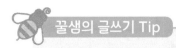

　　의복의 종류에는 크게 천연과 인조 섬유가 있습니다. 천연 섬유는 목화씨에 붙어 있는 솜에서 얻는 면 섬유가 있어요. 식물 줄기에서 나온 마 섬유와 누에 고치에서 뽑은 견 섬유도 있습니다. 양털에서 나온 모 섬유도 천연 섬유에요. 인조 섬유는 약품 처리를 해서 만든 재생 섬유와 석유 화합물로 만든 합성 섬유가 있습니다.

　　의복의 종류에 따른 관리법을 알아보려면 섬유 제품 취급 표시 기호를 읽을 줄 알아야 해요. 옷의 안쪽에 보면 어떻게 다루면 좋을지가 쓰여 있거든요. 물은 어떤 온도에서 세탁하는 게 좋은지 물세탁과 드라이클리닝 중 어떤 것을 해야 좋은지 나와 있어요. 손으로 짜면 안 되는지나 건조기 사용 가능 여부도 나옵니다. 옷걸이에 걸어서 그늘에 건조해서 말려야 하는 경우도 있어요. 다림질 온도도 표시되어 있습니다. 의복을 잘 관리하기 위해서는 옷마다 안내 표시를 확인해서 관리하는 게 중요해요.

　　자신이 갖고 있는 옷의 섬유 취급 표시를 확인해 보세요. 처음 보는 기호가 있다면 뜻을 알아보세요. 그리고 관리를 시작하는 거죠. 옷감의 변형 없이 오래 깨끗하게 입기 위해서 관리법이 잘 지켜져야 합니다. 온도와 습도를 유지하고 통풍이 잘되는 곳에 보관하는 것도 필요해요. 세탁과 보관의 과정이 잘 이루어질 때 의복을 효율적으로 관리할 수 있어요. 우리 집의 의복 관리 습관과 비교해 보면서 관리법을 찾아보세요. 우리 집의 관리법에 문제가 있다면 개선해 봐도 좋겠네요. 배우는 게 끝이 아니죠. 생활에 활용하고 응용할 수 있어야 진짜 배움이라고 할 수 있답니다.

[의복 재료에 따른 관리법을 설명해 보세요.]

새로운 교육과정 수행평가

101가지 수행평가 주제 글쓰기 국어

101가지 수행평가 주제 글쓰기 영어

101가지 수행평가 주제 글쓰기 수학

101가지 수행평가 주제 글쓰기 과학

101가지 수행평가 주제 글쓰기 사회

101가지 수행평가 주제 글쓰기 기타

관련 주제: 효율적인 시간 관리 보고서 (진선여중)

〈생각 열기〉 위인들의 시간 관리법에 대해서 조사해서 적어 보세요.

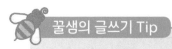

이 세상 사람 누구에게나 똑같이 주어지는 게 있죠. 바로 24시간이라는 시간인데요. 어떻게 활용하느냐에 따라 시간의 가치가 달라집니다. 그 가치들이 쌓여 한 사람의 인생이 결정된다 해도 큰 무리는 아니겠죠. 시간을 어떻게 관리해야 할까요?

첫 번째는 생명을 유지하는 데 꼭 필요한 시간이 있죠. 먹고 자고, 씻고 하는 시간입니다. 청소년은 최소 8시간 이상은 자는 게 좋다고 하지요. 잠 자는 것만으로 하루의 3분의 1 이상이 흘러가겠어요. 여러분은 학교에서 공부를 해야 하는 시간이 추가되죠. 9시에 등교해서 3시가 넘어 하교하니 여러분의 시간 대부분을 차지하네요. 이 외에 멍때리는 시간과 취미생활, 운동하는 시간을 포함하면 하루가 금세 지나가 버립니다. 하교 후에 학원에 가거나 공부하는 친구들이 대부분이죠. 정말 하루 24시간이 빠듯하겠어요. 바쁜 하루를 어떻게 관리하면 시간을 효율적으로 활용할 수 있을까요?

시간 관리를 위해 자신의 시간 사용 패턴을 알아야 합니다. 청소년들은 대체로 느긋합니다. 부모님만 바쁘고 서두르라고 잔소리하시죠. 그건 청소년들의 목표가 뚜렷하지 않기 때문이에요. 시간 계획을 정확히 세우고 목표를 잡는다면 시간을 허투루 보내는 일이 줄어들겠죠. 사용할 수 있는 시간 중에 우선순위를 정해야 해요. 무슨 일이 있어도 매일 반드시 해야 하는 일 말이에요. 그 일이 가장 잘 이루어지는 시간대를 찾아서 계획을 세워야겠죠. 차근차근 중요한 일부터 해나가요. 중요하고도 시급한 일부터 말이에요. 그렇게 일의 중요도를 활용해서 시간 계획을 세워 보세요.

하나 더 신경 쓸 것이 있어요. 바로 자투리 시간입니다. 보통 청소년들에게 주어지는 자투리 시간이 하루에 세 시간이 넘는다고 해요. 이동하는 시간, 씻고 쉬는 시간, 멍때리고 쉬는 시간 등을 합치면 그렇게나 된대요. 24시간 중에 3시간이면 큰 시간이잖아요. 자투리 시간을 현명하게 활용하는 것이 시간 활용법의 팁이라고 할 수 있겠어요. 시간들을 어떻게 관리하고 활용할지 나만의 시간 관리법을 만들어 보세요.

[나만의 시간 관리 원칙을 다섯 개 이상 적어 보세요.]

사춘기 자녀를 대하는 법

관련 주제: 사춘기 사용 설명서 (월촌중)

〈생각 열기〉 사춘기의 특징에 대해서 적어 보세요.

사춘기가 되면 부모님에게서 독립하고 싶은 마음이 커집니다. 부모님과 갈등이 시작되기도 해요. 반항 없이 사춘기를 보내는 친구들도 있어요. 사춘기에는 반항하고 싶은 마음이 생길 수도 있어요. 괜찮습니다. 그게 건강한 거예요. 누구의 간섭도 없이 나 자신으로 살고 싶은 욕구가 생기는 거니까요. 사춘기가 와서 부모님이 미워지거나 원망스럽거나 하는 마음이 생겨도 너무 당황하지 마세요. 죄책감 느낄 필요도 없어요. 그냥 그럴 수 있는 시기라고 자신을 안심시켜 보세요. 부모님께 자신을 어떻게 대해 주었으면 좋겠는지를 생각해서 알려주세요. 이 수행평가 과제를 해보면 생각이 정리가 되겠네요. 요약해서 부모님께 말씀드려 보세요.

사춘기가 되어 부모님께서 이렇게 해 주었으면 좋겠다 하는 게 뭐가 있을까요? 이런 바람은 사춘기와 사실 무관할 거예요. 어려서부터 경험한 부모님과의 관계 중에서 불편했던 점을 생각해 보세요. 부모님의 이런 태도는 바꿔 주었으면 하는 것들을 적어 보는 거죠. 그게 바로 사춘기 자녀를 대하는 부모님의 자세일 거예요. 정답은 없어요. 여러분이 느끼는 게 답이지요. 잔소리 줄이기나 나의 일을 부모님 마음대로 판단하지 않기 등은 사춘기가 아니라 언제라도 필요한 부모님의 태도지요. 그런 것들을 생각해서 표현해 보세요. 기회가 되면 부모님께 편지로나 직접 말씀드려 봐도 좋을 거예요. 부모님과 갈등이 있었던 친구라면 더더욱 필요하죠. 차분히 생각해서 적어 보아요.

[부모님께 알려 주고 싶은 사춘기 자녀 대하는 법을 다섯 개 이상 적어 보세요.]

새로운 교육과정 수행평가

101가지 수행평가 주제 글쓰기

국어

101가지 수행평가 주제 글쓰기

영어

101가지 수행평가 주제 글쓰기

수학

101가지 수행평가 주제 글쓰기

과학

101가지 수행평가 주제 글쓰기

사회

101가지 수행평가 주제 글쓰기

기타

청소년 식생활 뉴스

관련 주제: 청소년 식생활 뉴스 (월촌중)

〈**생각 열기**〉 청소년 식생활 실태에 대해 적어 보세요.

여러분은 아침을 잘 챙겨 먹나요? 채소와 생선, 고기 등을 편식하지 않고 골고루 먹고 있나요? 편의점 음식을 즐겨 먹나요? 음식을 먹는 것들이 청소년기가 되면서 달라지지 않았나요? 청소년기의 식생활에 어떤 특징이 있을 거예요 나의 식생활 특성을 생각해 보면서 실태를 써 보세요.

청소년기는 성장과 발달을 위해서 영양의 균형을 맞추는 것이 중요해요. 여섯 가지 식품군을 골고루 먹는 게 중요하죠. 하지만 청소년들은 어떨까요? 가공식품이 늘어나고 외식을 많이 하게 되면서 건강한 집밥을 먹는 일이 많이 줄었어요. 가족들이 식사를 하는 시간도 일정하지 않죠. 늦게까지 공부를 하다 보니 야식을 먹는 일도 많구요. 무절제한 식생활 패턴도 생겨나요. 여러분 편의점 음식을 제일 좋아하죠. 청소년들이 가공식품을 정말 많이 먹죠. 학업에 대한 스트레스로 폭식을 일삼는 친구들도 많아요. 늦게 자고 일찍 일어나니 아침에 입맛이 없죠. 아침을 거르기 일쑤입니다. 외모에 관심이 많아져서 다이어트하는 청소년들도 있지요. 폭식뿐 아니라 절식도 청소년기에는 문제가 될 수 있습니다. 장기적으로 영양 불균형이 생길 수 있기 때문이죠. 불규칙한 식사 습관은 혈당을 떨어뜨려 건강에도 악영향을 줍니다.

이를 바로잡기 위해서 어떻게 하면 좋을까요? 무엇보다 필요한 것이 규칙적인 생활이에요. 정해진 시간에 식사를 하고 야식은 먹지 않아요. 일찍 잠자리에 들어야겠죠. 아침에 하루 권장량의 4분의 1정도를 섭취하는 게 필요해요. 비타민, 무기질, 칼슘을 섭취하기 위해 채소를 먹어요. 탄수화물과 지방의 섭취는 줄이구요. 단백질과 식이 섬유의 섭취는 늘려 보세요. 쌀밥보다는 현미나 잡곡밥을 먹는 게 좋겠어요. 편의점 음식은 좀 줄이구요. 지금 건강한 식생활 습관을 만들어야 어른이 되어서도 건강한 몸을 유지할 수 있습니다. 그 밖에 자신의 식생활 패턴을 살펴보세요. 개선이 필요한 부분을 적어 보면 되겠네요. 먼 곳에서 찾으려 하지 말아요. 지금 내 생활을 점검하는 것부터 시작하세요.

새로운 교육과정 수행평가

10.가지 수행평가 주제 글쓰기 국어

10.가지 수행평가 주제 글쓰기 영어

10.가지 수행평가 주제 글쓰기 수학

10.가지 수행평가 주제 글쓰기 과학

10.가지 수행평가 주제 글쓰기 사회

10.가지 수행평가 주제 글쓰기 기타

[청소년 식생활 개선 방법에 대해서 적어 보세요.]

내가 살고 싶은 집 설계

관련 주제: 내가 살고 싶은 집 (월촌중)

〈생각 열기〉 내가 살고 싶은 집에 있었으면 하는 것들을 적어 보세요.

새로운 교육과정 수행평가

1017|지 수행평가 주제 글쓰기 국어

1017|지 수행평가 주제 글쓰기 영어

1017|지 수행평가 주제 글쓰기 수학

1017|지 수행평가 주제 글쓰기 과학

1017|지 수행평가 주제 글쓰기 사회

1017|지 수행평가 주제 글쓰기 기타

미래의 집은 어떻게 달라질까요? 미래의 집안일은 로봇이 대부분 하게 될 거예요. 살림을 하기 위해서 쓰이던 시간들이 많이 줄어들겠죠. 집에서 즐길 수 있는 취미의 시간이 채워질 거예요. 공간을 나눠서 취미 공간으로 꾸미겠죠. 식물을 키우기도 할 거구요. 일과 교육, 오락, 문화 등 광범위한 분야의 활용도가 높아질 거예요. 스마트화는 가속화되어 콘텐츠와 쇼핑이 동시에 이루어질 수 있는 공간이 되겠죠. 재택근무가 늘어나면서 집의 역할이 달라질 거예요. 일도 하면서 삶도 즐길 수 있는 공간으로 말이죠. 스마트화된 집이 도와줄 거예요.

1인 가구의 증가와 글로벌 업무 증가 등으로 인해 집이 소유보다는 공유의 개념으로 바뀔 수 있어요. 차량 공유처럼 말이죠. 이동하면서 세계 어디서든 일할 수 있는 편리한 공간으로 변화할 거예요. 지금과는 전혀 다른 모습으로 말이죠.

이러한 변화를 반영해서 나의 집을 상상해 보세요. 스마트한 집의 기능들을 설계해 보세요. 나의 취미와 여가, 일의 조화를 이룰 수 있는 아름답고 실용적인 공간으로 꾸며 보세요. 내가 기획해서 살아갈 나만의 집, 생각만 해도 즐겁습니다. 멋지고 창의적인 여러분의 집을 기대해 볼게요.

임신 과정 설명하기

관련 주제: 임신 과정 설명서 (기술가정)

〈생각 열기〉 월경에 대해서 조사해서 써 보세요.

새로운 교육과정 수행평가

101가지 수행평가 주제 글쓰기

국어

101가지 수행평가 주제 글쓰기

영어

101가지 수행평가 주제 글쓰기

수학

101가지 수행평가 주제 글쓰기

과학

101가지 수행평가 주제 글쓰기

사회

101가지 수행평가 주제 글쓰기

기타

임신의 과정이 잘 일어나기 위해서는 배란이 잘 돼야 해요. 배란이란 성장한 난포가 터지면서 난자가 밖으로 나오는 것이에요. 규칙적으로 배란이 일어나서 난자가 생성되어야 하죠. 월경이 불규칙하다면 임신 준비를 위해서 몸을 관리해야 해요. 규칙적인 월경이 임신의 필수 과정이죠. 배란이 되고 난자가 나팔관 안으로 잘 옮겨진다면 수정이 이뤄집니다. 난자가 정자와 난관에서 만나는 거예요. 나팔관의 운동으로 자궁 가까이 이동합니다. 나팔관 안의 정자와 만나 수정이 이뤄지죠. 보통 나팔관 끝쪽 3분의 1 지점에서 수정이 이뤄집니다.

수정란은 세포 분열을 통해 세포 수를 증가시킵니다. 자궁 쪽으로 이동하면서 세포 분열을 하게 되죠. 자궁은 자궁벽을 두껍게 하면서 임신을 준비합니다. 수정하고 나서 수정란이 자궁 내막에 착상되기까지 일주일 정도 걸린다고 해요. 이로써 배란-수정-착상 단계가 완성됩니다. 이 세 가지 과정에서 문제가 없어야 임신이 일어납니다. 우리 모두 이런 어려운 단계를 거쳐 태어난 귀한 존재들이에요.

임신 과정에 대해 설명하다 보면 낯선 단어가 많이 나올 거예요. 수정, 착상, 배란 모두 익숙하지 않은 단어들이죠. 생명의 신비인 임신 과정을 위해 꼭 알아야 할 단어들이에요. 남녀 모두 임신의 과정을 잘 알고 있어야 해요. 소중한 생명을 만들 수 있는 가능성이 있는 사람들이니까요. 익숙하지 않지만 우리 몸에서 일어나는 변화인 만큼 관심을 가지고 공부해 보세요.

[임신 과정을 설명해 보세요.]

새로운 교육과정
수행평가

101가지 수행평가 주제 글쓰기
국어

101가지 수행평가 주제 글쓰기
영어

101가지 수행평가 주제 글쓰기
수학

101가지 수행평가 주제 글쓰기
과학

101가지 수행평가 주제 글쓰기
사회

101가지 수행평가 주제 글쓰기
기타

한문 고전 골라 읽고 내용 요약하기

관련 주제: 한문 고전 읽고 내용 요약하기 (한문)

〈생각 열기〉 한문 고전 작품을 조사해서 제목을 적어 보세요.

한문 고전에 대해서 알고 있나요? 한자라면 머리가 벌써 지끈거리죠. 우리 나라 말의 많은 부분이 한자로 만들어져 있어요. 획이 많고 복잡한 한자는 영어만큼이나 우리에게 낯선 글자예요. 한자로 만들어진 고전 소설이라니요. 친구들이 제일 두려워하고 읽기 싫어하는 분야겠네요. 하지만 고전 시가나 소설에는 재미있는 뒷이야기들이 많아요. 이번 과제로 한문 고전에 대해서 관심을 가져 보는 기회를 만들어 봐요.

고전 시가는 고대 가요와 향가에서부터 시작해요. 백수 광부의 아내가 지었다는 〈공무도하가〉부터 시작하죠. 〈황조가〉, 〈구지가〉, 〈해가〉, 〈정읍사〉, 〈서동요〉, 〈처용가〉, 〈제망매가〉도 있어요. 〈찬기파랑가〉와 〈안민가〉도 고전시가죠. 한자로 쓰여 있지만 친절하게 한글로 해석이 되어 있고 관련 이야기가 나와 있는 책들이 많아요. 읽어 보면 비슷하다는 생각이 들 거예요. 정서는 통하는 게 많으니까요.

다음은 고려가요와 경기체가로 이어집니다. 〈가시리〉, 〈서경별곡〉, 〈정석가〉, 〈동동〉, 〈정과정〉, 〈상저가〉, 〈사모곡〉, 〈한림별곡〉 등이 있어요. 그 외 한시도 있어요. 을지문덕이 지은 〈여수장우중문시〉나 최치원의 〈추야우중〉, 정지상의 〈송인〉 등이 있지요. 가사나 시조도 많아요. 〈상춘곡〉, 〈면앙정가〉, 〈관동별곡〉, 〈사미인곡〉, 〈속미인곡〉 등이 가사에 해당돼요. 〈까마귀 검다하고〉나 〈오백년 도읍지를〉, 〈이몸이 죽고 죽어〉 등은 시조에 해당이 됩니다.

고전 시가는 짧아서 요약하기 편할 거예요. 긴 글을 찾는다면 고전 소설도 있지요. 《홍길동전》이나 《구운몽》, 《사씨남정기》, 《춘향전》, 《허생전》도 있어요. 재미있고 유쾌한 내용들이 많지요. 읽어 보고 요약해 봐도 좋겠어요. 요약할 때는 소설은 기승전결에 맞춰서 내용을 정리하면 도움이 될 거예요. 이야기의 뼈대를 잡고 꼭 들어가야 할 내용 위주로 요약하는 거죠. 요약이 어려우면 중심 문장 찾기부터 시작해 보세요. 중심 문장들만 연결해도 짧게 요약하는 데 도움이 될 거예요.

새로운 교육과정 수행평가

1017지 수행평가 주제 글쓰기

국어

영어

1017지 수행평가 주제 글쓰기

수학

1017지 수행평가 주제 글쓰기

과학

1017지 수행평가 주제 글쓰기

사회

1017지 수행평가 주제 글쓰기

기타

[한문 고전 중 한 편을 골라 읽고 내용을 요약해서 적어 보세요.]

주제 90	나의 인생 좌우명과 로드맵

관련 주제: 좌우명이 담긴 인생 로드맵 (목운중)

〈생각 열기〉 나의 인생 좌우명을 소개해 보세요.

 꿀샘의 글쓰기 Tip

　좌우명은 자기가 기억하면서 가르침으로 삼는 말이나 문구를 말해요. 좌우명이 중요한 까닭은 인생의 방향을 잡아 주기 때문이에요. 좋은 좌우명을 등대 삼아서 살아갈 수 있으면 좋겠어요. 어떤 좌우명을 인생 좌우명으로 삼을까요? 괜찮은 좌우명의 예를 들어 볼게요. "가장 위대한 일은 남들이 자고 있을 때 이루어집니다. 고통이 없으면 얻는 것도 없습니다. 공부는 시간이 부족한 것이 아니라 노력이 부족한 것입니다. 꿈이 바로 앞에 있는데 당신은 왜 팔을

뻗지 않는 건가요?" 이런 좌우명들은 조금 게으르고 모든 것이 귀찮은 친구들에게 도움이 될 거예요. "내가 헛되이 보낸 오늘은 어제 죽은 이가 그토록 바라던 내일이다. 당신의 실수에서 교훈을 얻으세요. 당신의 지위가 아니라 누구인지를 기억하세요. 뜻이 있는 곳에 길이 있다. 매일 아침 삶의 목표를 생각하며 일어나라." 이런 좌우명은 인생의 큰 꿈을 꾸고자 하는 친구들에게 좋을 거 같아요.

어떤 인생을 살고 싶은지를 결정하세요. 좌우명도 인생 로드맵도 쉽게 만들 수 있을 거예요. 내 인생의 주인공은 나입니다. 어떤 방향의 삶을 살아갈지도 내가 결정하지요. 내 인생의 커다란 그림을 좌우명 만들기와 함께 계획해 보세요. 여러분은 무엇이든 될 수 있습니다.

[나의 좌우명에 따른 인생 로드맵을 그려 보세요.]

관련 주제: 나만의 한자 만들기 (진선여중)

〈생각 열기〉 한자 하나를 골라 뜻풀이를 해 보세요.

꿀샘의 글쓰기 Tip

한자에는 여러 종류가 있습니다. 어떤 사물의 모양을 그린 그림이 발전하여 글자를 이룬 상형자가 있습니다. 그림으로 나타낼 수 없는 것을 점이나 추상적인 기호로 나타낸 지사자도 있죠. 두 개 이상의 상형자나 지사자를 합쳐 새로운 뜻을 나타내는 회의자도 한 종류입니다. 글자의 음과 뜻을 나타내는 부분이 합쳐 하나의 글자가 되는 형성자도 있어요. 기존의 글자를 유추, 확대하여 한 글자에 여러 뜻을 갖게 하는 글자는 전주자입니다. 기존 글자를 본래의 뜻과 상관없이 비슷한 음의 글자를 임시로 빌려 쓰게 하는 가차자도 있습니다.

나만의 한자를 만들기 위해서는 어떤 유형의 한자를 만들지 결정을 해야겠죠. 모양을 본떠서 만드는 상형자를 만든다면 어떻게 할까요? 냇가를 뜻하는

새로운 교육과정 수행평가

101가지 수행평가 주제 글쓰기 국어

101가지 수행평가 주제 글쓰기 영어

101가지 수행평가 주제 글쓰기 수학

101가지 수행평가 주제 글쓰기 과학

101가지 수행평가 주제 글쓰기 사회

101가지 수행평가 주제 글쓰기 기타

川 자의 경우가 예가 되겠죠. 자신이 생각하는 사물의 모양을 본떠서 글자를 만드는 거죠. 해와 산, 물도 모두 상형자로 만들어졌어요. 주변의 자연환경을 잘 살펴보고 글자로 만들어 보세요. 지사자의 예도 있어요 上中下 같은 한자가 이에 해당돼요. 점이나 추상적인 기호로 글자를 만들어 보는 거죠. 두 개 이상의 뜻을 모아서 글자를 만든다면 더 고난도의 글자가 되겠네요. 기록할 기(記) 자의 경우는 말씀 언(言)과 몸 기(己)로 이루어져 있어요. 이 중 몸 기가 기록할 기와 음이 같으므로 이럴 땐 형성자죠. 쏠 사(射)는 몸 신(身)과 마디 촌(寸)이 이루어졌지만, 음이 다르기 때문에 회의자예요. 음과 뜻을 살리고 싶을 때 이 기법을 사용해서 한자를 만들어 보세요. 세상에 하나뿐인 나만의 한자를 만들어 나를 표현하는 기호로 사용해도 좋겠어요. 독창적이고 참신한 글자를 기대해 보겠습니다.

[나만의 뜻을 담아 독창적인 한자를 하나 만들어 보세요.]

나의 친구 인생 에세이

관련 주제: 나의 친구 에세이 (단대부중)

〈생각 열기〉 에세이 글 쓰는 법을 검색해서 적어 보세요.

　　에세이는 수필입니다. 수필이란 그때그때 떠오르는 느낌이나 생각을 적은 글입니다. 초등학교 때 매주 썼던 일기가 바로 수필이죠. 자신이 겪은 일을 쓰고 느낌을 적으면 돼요. 내 느낌을 솔직하게 쓰면 좋습니다. 진솔한 수필은 솔직합니다. 잘 보이기 위해서 자신의 느낌을 꾸며 쓰지 않죠. 솔직한 느낌을 그냥 적으면 돼요.

　　친구의 인생 이야기를 듣고 그것에 대한 느낌을 적는 수행평가네요. 친구와 대화 나누거나 게임하는 것을 좋아하는 여러분에게 안성맞춤 과제네요. 우선 친구의 삶의 경험에 대해서 이야기를 나눠야겠죠. 글감이 필요하니까요. 친구의 인생 경험 중에서 어떤 것을 골라 쓸지 선별하기 위해서 대화를 나눠 보세요. 친구만의 독특한 경험이나 공감되는 에피소드를 고르면 돼요. 그다음 어떤 행태로 글을 쓸지를 정해요. 친구에게 편지 형식으로 자신의 느낌을 전해도 좋겠죠. 단순하고 간단하게 써도 괜찮아요. 물론 성의는 있어야겠죠. 좋아하는 친구에게 보내는 거니까요. 일기 형식으로 써도 돼요. 친구와 이야기 나눈 것에 대해 느낀 점을 쓰는 거죠.

　　수필은 개성이 드러나는 문학이에요. 한 사람의 글에는 그 사람의 사상과 인생이 담기죠. 여러분의 글에도 자기만의 색깔이 담길 거예요. 두려워하지 말고 느낌과 생각을 적어 보세요. 친구에 대한 애정이 가득 담긴 여러분의 에세이는 감동적인 글이 될 거라 믿어요.

[친구의 인생 이야기를 듣고 에세이를 써 보세요.]

주제 93 　　　　　가치 카드 만들기

관련 주제: 가치 카드 만들기 (대왕중)

〈생각 열기〉 내가 가진 미덕에는 어떤 것이 있을까요?

여러분이 생각하는 인생에서 중요한 가치는 무엇인가요? 내가 장점으로 갖고 있는 가치는 어떤 게 있을까요? 나의 인생에서 중요한 가치에 대해서 생각해 볼게요. 버츄 카드란 것을 들어 본 적이 있나요? 버츄 카드는 인성교육을 위한 자료로 52가지 미덕을 담고 있어요. 버츄 카드에서 강조하는 미덕 중에서 나의 가치를 하나 정해서 미덕 카드를 만들어 보도록 해요. 우리는 누구나 자신만의 장점을 갖고 있어요. 유난히 착하다거나, 배려를 잘한다거나 하는 특징 말이에요. 겸손하거나 특히 정직하기도 하죠. 누가 뭐래도 나는 나만의 강점을 갖고 있어요.

버츄 카드에는 다양한 미덕들이 존재해요. 감사와 배려, 유연성, 창의성, 결의, 봉사. 이상 품기, 책임감, 겸손, 사랑, 이해, 청결, 관용, 사려, 인내, 초연, 근면, 상냥함, 인정이 있어요. 또 충직, 기뻐함, 소신, 자율, 친절, 기지, 신뢰, 절도, 탁월함으로 나누기도 해요. 끈기와 신용, 정돈, 평온함, 너그러움, 열정, 정의로움, 한결같음, 도움, 예의, 정직, 헌신의 미덕도 있어요. 명예와 용기, 존중, 협동, 목적의식, 용서, 중용, 화합, 믿음직함, 우의, 진실함, 확신의 미덕도 포함돼요. 정말 많은 미덕이 있죠.

이 중에서 나의 미덕은 어떤 것이 있을까요? 나에게 있는 미덕을 여러 개 골라 보세요. 책임감이 있는 학생이라면 근면하거나 소신, 끈기, 한결같음의 미덕을 같이 가질 가능성이 크겠네요. 그중에서 가장 도드라지는 미덕을 나의 가치 카드로 만들어 보세요. 여러 개의 미덕을 합해서 하나를 만들어 봐도 좋아요. 누가 만들어 준 것보다 훨씬 큰 상이 될 거예요. 내가 나를 사랑하고 인정해서 만든 카드니까요. 나를 인정하고 칭찬해 주는 것은 큰 힘이 될 거예요. 다른 사람의 칭찬보다 훨씬 더 값지고 중요한 것이 나 자신이 주는 칭찬이에요. 자신의 가치로움을 인정할 줄 아는 사람이 본인에게 가장 좋은 사람이랍니다.

[내가 가진 미덕 중에서 가장 큰 강점을 뽑아
나를 상징하는 가치 카드로 만들어 보세요.]

세로운 교육과정 수행평가

101가지 수행평가 주제 글쓰기

국어

101가지 수행평가 주제 글쓰기

영어

101가지 수행평가 주제 글쓰기

수학

101가지 수행평가 주제 글쓰기

과학

101가지 수행평가 주제 글쓰기

사회

101가지 수행평가 주제 글쓰기

기타

주제 94

인권 정책 만들기

관련 주제: 인권 정책 만들기 (대왕중)

〈생각 열기〉 인권이 존중되지 않는 경우를 적어 보세요.

꿀샘의 글쓰기 Tip

　인권 정책을 세우려면 인권에 대해 알아야겠죠? 인권은 민족, 국가, 인종 등
에 상관없이 인간이라면 누구에게나 인정되는 보편적인 권리 또는 지위를 말합
니다. 인권 정책을 세우려면 인권 침해에 대해 알아야 해요. 인권 침해란 개인
이나 단체, 국가 기관이 다른 사람의 인권을 침해하여 해를 입히는 행위입니

다. 이는 고정관념, 편견, 잘못된 관습이나 불합리한 법과 제도 등의 영향을 받아 발생합니다. 예를 들어 살펴볼까요? 요즘에 세계적으로 아시아인 혐오 발언이나 차별이 문제가 되고 있죠. 이유도 없이 아시아인이 공격을 받는 사건이 여럿 있었어요. 외모나 피부색 등을 이유로 차별을 하는 예라고 볼 수 있지요.

인권 침해를 당한 경우에는 적극적으로 문제 해결을 요구할 수 있어야 해요. 국가인권위원회에서는 국가 기관에 의한 인권 침해, 회사나 단체 등의 부당한 차별 시 진정을 제기할 수 있어요. 잘못된 법 집행으로 피해 시 고충 민원을 제기 가능해요. 잘못된 행정 처분으로 권리 침해 시 행정 심판을 제기할 수 있어요. 국민권익위원회에서 그 역할을 하고 있죠. 잘못된 언론 보도로 인권 침해를 당했을 때는 언론중재위원회를 이용해요. 법원에서는 국가 기관, 개인, 단체에 의한 권리 침해 시 소를 제기하죠. 공권력에 의한 기본권 침해 시 헌법재판소에 헌법 소원을 청구하기도 해요.

여러분이 인권 정책을 만든다면 어떤 사람들을 대상으로 하고 싶나요? 노인이나 노동 인권, 장애인이나 청소년 인권 등 여러 분야가 있을 거예요. 여러분은 청소년 인권에 가장 관심이 많을까요? 청소년으로서 개선되었으면 하는 점을 정책으로 제안해 보세요. 청소년 인권 정책에는 어떤 것이 있을까를 먼저 알아봐요. 학업 성적이나 연령, 외모 및 신체 조건, 성별의 이유로 차별을 받지 않아야겠죠. 사회, 정치, 인생에 대한 자신의 의견을 자유롭게 표현할 수 있어야 하구요. 용모 검사나 복장 검사, 소지품 검사 등을 하지 않는 것이 청소년 인권 정책에 해당할 거예요. 가정 내에서 폭력이나 학대를 하지 않는 것은 기본 인권이죠. 교육이나 여가, 문화 활동을 할 수 있는 인권도 보장되어야겠죠.

기본 인권 중에서 여러분이 가장 필요하다고 생각하는 정책을 제안해 보세요. 저라면 학생이 하루에 8시간 이상은 공부하지 않는 정책을 만들어 보고 싶어요. 학교에서 온종일 공부하고 사교육에 시달리는 청소년의 인권을 보호하기 위해서 말이죠. 여러분이 생각하는 인권 보호 정책은 무엇이 있을까요? 궁금하고 기대됩니다.

[관심 있는 분야의 사람들을 위한 인권 정책을 세 가지 이상 만들어 보세요.]

새로운 교육과정
수행평가

101가지 수행평가 주제 글쓰기
국어

101가지 수행평가 주제 글쓰기
영어

101가지 수행평가 주제 글쓰기
수학

101가지 수행평가 주제 글쓰기
과학

101가지 수행평가 주제 글쓰기
사회

101가지 수행평가 주제 글쓰기
기타

도덕적 시민의 자질

관련 주제: 도덕적 시민이 갖춰야 할 자질, 글쓰기 (원촌중)

〈생각 열기〉 도덕적이라는 것은 무슨 뜻일지 자신의 생각을 적어 보세요.

　시민은 한 국가의 주권자로서 권리와 의무를 가지며 그에 따르는 책임을 다하는 자율적이고 주체적인 사람입니다. 도덕적 시민이란 어떤 사람을 말할까요? 내가 소중한 만큼 타인을 존중해 주는 시민이겠죠. 나의 권리는 주장하면서 타인의 권리를 침해한다면 옳지 않으니까요. 서로 다르다는 것을 받아들이고 공감하는 자세도 필요하겠죠. 타인의 입장을 이해하려는 태도가 없으면 갈등이 발생하기 쉽습니다. 도덕적 시민이라면 사회의 문제에 관심을 가지는 것도 좋아요. 더불어 살아가야 하는 세상이니까요. 사회 문제가 자신의 생활과 직결된다는 것을 알고 적극적으로 의견 표명을 해야 해요. 특히 선거에 꼭 참여해서 국가의 주인으로서 권리를 행사하는 게 중요하겠죠. 자기만의 이익을 추구하기보다는 공동체의 발전에 도움이 되는 것도 상당히 도덕적이죠.

　여러분이 생각하는 도덕적 시민이 갖출 자질은 무엇인가요? 중요시하는 가치에 따라서 자질이 달라진 거예요. 정답은 없습니다. 자신이 생각하는 가치가 의미 있어요. 여러분은 당당한 이 나라의 한 시민이잖아요. 그 시민이 중요하게 생각하는 것들이 반영되는 게 옳은 국가의 방향이니까요. 치열하게 고민해 보세요. 내가 살고 싶은 나라의 도덕적 시민에 대해서요.

새로운 교육과정 수행평가

101가지 수행평가 주제 글쓰기

국어

영어

101가지 수행평가 주제 글쓰기

수학

101가지 수행평가 주제 글쓰기

과학

101가지 수행평가 주제 글쓰기

사회

101가지 수행평가 주제 글쓰기

기타

101가지 수행평가 주제 글쓰기

[도덕적 시민이 갖춰야 할 자질을 다섯 가지 이상 적어 보세요.]

정책 제안서

관련 주제: 정책 제안서 (진선여중)

〈**생각 열기**〉 대한민국 정책 뉴스 포털에서 마음에 드는 정책을 적어 보세요.

새로운 교육과정 수행평가

10가지 수행평가 주제 글쓰기 국어

10가지 수행평가 주제 글쓰기 영어

10가지 수행평가 주제 글쓰기 수학

10가지 수행평가 주제 글쓰기 과학

10가지 수행평가 주제 글쓰기 사회

10가지 수행평가 주제 글쓰기 기타

　　정책이란 무엇일까요? 정치적 목적을 실현하기 위한 방책을 말합니다. '대한민국 정책브리핑'이라는 문화체육관광부 국민소통실에서 운영하는 대한민국 정책 뉴스 포털을 찾아보세요. 각종 정책 뉴스와 정책 브리핑, 자료들이 나와 있어요. 국민들이 원하는 정책과 제안도 실려 있습니다. 사이트를 살펴보면 외교 정책과 복지, 청년, 청소년 정책 등이 다양하게 나와 있어요. 시민 공모 정책 제안전도 자주 열리니까 이번 기회를 계기로 제대로 된 정책을 생각해 보자구요.

　　청소년 참여 포털에 보면 정책을 제안할 수 있어요. 예를 들어 청소년이 말하는 공정에 대한 정책 제안 공모전이 있었네요. 청소년이 말하는 보호 정책에 대한 제안도 있구요. 사이트에 접속해서 제안된 정책들을 읽어 보세요. 내가 동의하는 제안을 통해 새로운 아이디어를 얻을 수 있을 거예요. 현재 올라와 있는 제안으로 학교 밖 청소년의 진로 교육 확대와 소년법 10호 처분 강화 제안이 있네요. 교원 평가를 교원 각각의 능력과 인성의 두 영역으로 실시하고 의무화하는 것, 지역사회 청소년 근로자 연맹 정책, 유해 환경에 놓인 청소년들의 보호받을 권리를 보장하기 위한 정책 제안도 새롭네요. 직장 내 괴롭힘 금지와 관련된 정책과 국가 차원의 독자적 개인정보 보호 정책, 청소년 성소수자들을 위한 차별 금지법 등 읽기만 해도 관심이 가는 제안들도 있어요.

　　청소년 참정권과 문화 시설 확대, 청소년기의 미성숙한 심리 보호 정책과 성평등과 교육 불평등을 해소하기 위한 정책 등 종류와 영역도 다양합니다. 읽어 보고 아이디어를 얻어서 정책을 제안해 보세요. 사이트에 업데이트해 봐도 좋구요. 내가 제안한 정책이 반영되어 더 좋은 방향으로 나아간다면 그것만큼 의미 있는 활동도 없지 않을까 싶습니다.

[관심 있는 분야의 정책을 하나 제안해 보세요.]

새로운 교육과정
수행평가

101가지 수행평가 주제 글쓰기
국어

101가지 수행평가 주제 글쓰기
영어

101가지 수행평가 주제 글쓰기
수학

101가지 수행평가 주제 글쓰기
과학

101가지 수행평가 주제 글쓰기
사회

101가지 수행평가 주제 글쓰기
기타

관련 주제: 행복한 삶 만들기 (월촌중)

〈생각 열기〉 행복한 삶이란 어떤 것이라고 생각하나요?

 꿀샘의 글쓰기 Tip

　여러분은 행복의 조건이 뭐라고 생각하나요? 2016년 조사에 따르면 남학생은 돈을, 여학생은 좋은 사람을 뽑았다고 해요. 돈과 사람 이외에도 행복을 위한 조건들은 사람마다 다를 텐데요. 여러분이 생각하는 행복의 조건을 서술해 보는 과제입니다. 행복을 위해서 중요하고 필요한 것이 뭘까요?

　생명을 유지하기 위해 필요한 것이 의식주입니다. 의식주의 기본 환경을 넘어서 쾌적하고 살기 좋은 환경을 만들어 준다면 행복지수가 올라가겠지요. 기본적인 조건이 갖춰진다면 그다음 무엇이 필요할까요? 경제적 안정도 필요할 거예요. 기본적 욕구와 의료 혜택, 교육, 문화생활을 영위하기 위해서 돈이 필요하니까요. 서로 존중하고 배려받는 사회 분위기도 필요하겠지요. 사람으로서 존중받고 인정받는 삶이 행복을 배가시켜 줄 테니까요. 정치 과정에 참여하여 의사를 밝히거나 단체에 참여하여 활동하는 것도 좋을 거예요. 자신의 성장에 집중하는 사람도 있겠죠. 지적 성장 안에서 행복을 추구할 수 있으니까요.

여러분이 생각하는 행복의 조건은 무엇일까요? 많은 조건들 중에서 여러분이 중요하게 생각하는 것들을 골라 보세요. 그것을 이루기 위한 자신의 노력과 다짐들을 적어 보구요. 국가적인 노력과 더불어서 개인의 노력이 자신을 행복으로 한 걸음 더 가깝게 만들어 줄 거예요.

[행복한 삶을 살기 위한 나만의 노력을 세 가지 이상 적어 보세요.]

새로운 교육과정 수행평가

101가지 수행평가 주제 글쓰기 국어

101가지 수행평가 주제 글쓰기 영어

101가지 수행평가 주제 글쓰기 수학

101가지 수행평가 주제 글쓰기 과학

101가지 수행평가 주제 글쓰기 사회

101가지 수행평가 주제 글쓰기 기타

나의 자서전

관련 주제: 나만의 자서전 만들기 (봉은중)

〈생각 열기〉 내 인생을 한 단어로 표현해 보세요.

꿀샘의 글쓰기 Tip

십여 년을 살았을 뿐인데 자서전이라니 거창한가요? 여러분이 살아온 그 시간 동안 기억할 만한 재미있고 멋진 일들이 많지 않았나요? 바뀌었으면 하는 나에 대한 이야기들도 존재할 거구요. 그런 부분들을 자서전에 담아 보면 어떨까요? 누구도 모르는 나만의 독백 같은 이야기 말이에요. 누구에게 보여 주기보다는 나 자신에게 필요한 과정이에요. 내가 나를 어떻게 생각하고 돌아보느냐가 제일 중요해요. 내가 나에게 때로는 격려를 건네기도 하고 위로를 보내기도 하니까요. 자신에게 가장 혹독한 사람이 본인일 수 있어요. 너그러운 마음으로 타인의 삶을 바라보듯 내 삶을 글로 적어 보세요. 객관적으로 나를 파악하는 데 도움이 될 테니까요.

자서전은 한 사람의 인생 이야기를 쓰는 거예요. 기억에 의해서 쓸 수밖에 없죠. 좋은 내용만 미화되어 담기기도 해요. 기억은 내 필요에 의해서 다르게 인출될 수 있으니까요. 객관적인 내 모습을 보기 위해서 가까운 주변인에게 물어봐도 좋겠어요. 시간 순서대로 내 인생에서 중요한 일들을 나열해 보세요. 잘 기억나지 않는 부분은 가족에게 물어보구요. 출생기는 어땠는지 유아기와 초등 시기는 어땠는지 구분해서 적어 보세요. 나이별로 기억에 남는 일들의 리스트를 적는 거죠. 어렸을 때는 잘 기억이 나지 않을 수 있어요. 그때는 사진 첩을 꺼내 보세요. 어릴 때의 추억이 고스란히 담겨 있어 기억해내는 데 도움이 될 거에요. 내 인생의 터닝 포인트가 있었는지 생각해 봐요. 내가 중요하게 생각하는 것은 무엇인지를 써 보세요. 이런 기록들을 하나하나 적어가다 보면 나에 대해서 더 잘 알 수 있는 기회가 될 거예요. 다만 자서전은 미화되지 않도록 솔직하게 쓰세요. 무엇보다 나 자신에게 부끄럽지 않도록요. 내 모습 그대로도 충분히 아름답고 가치로운 사람이랍니다.

[나의 인생 자서전을 써 보세요.]

새로운 교육과정 수행평가

10가지 수행평가 주제 글쓰기 국어

10가지 수행평가 주제 글쓰기 영어

10가지 수행평가 주제 글쓰기 수학

10가지 수행평가 주제 글쓰기 과학

10가지 수행평가 주제 글쓰기 사회

10가지 수행평가 주제 글쓰기 기타

도덕적 삶의 이유

관련 주제: 도덕적으로 살아야 하는 이유 (을지중)

〈생각 열기〉 도덕적으로 살 때와 살지 않을 때의 차이점을 예를 들어 설명해 보세요.

　　사람이 사람답게 살기 위해서 필요한 것이 무엇일까요? 사람은 혼자서 살아갈 수 없잖아요. 다른 사람과 더불어 살아가는 존재이죠. 사회 구성원으로서 고유한 언어, 생활 양식, 가치관 등을 공유하며 살아가죠. 그래서 필요한 것이 바로 도덕입니다. 사람들과 어울리면서 지켜야 할 것들을 지켜 내는 규범이 도덕이죠. 더불어 자신의 행동을 스스로 선택하고 반성하는 것이 사람의 특징이에요. 그때 기준이 되는 것이 사회의 규범인 도덕입니다. "사람이면 다 사람이냐. 사람다워야 사람이지."라는 말이 있어요. 사람답게, 규범에 맞게 행동해야 비로소 사람이라는 의미에요. 사람은 자신의 본능대로만 살 수 없죠. 더불어 살아가야 하니까요. 우리가 마땅히 지켜야 할 것을 지키는 것이 도덕적인 삶이죠.

　　도덕적으로 살 때와 살지 않을 때의 차이점을 어렴풋이 이해할 수 있겠나요? 누군가와 더불어 의지하며 발전했을 때와 그렇지 못했을 때의 예를 들어 설명하면 되는 거예요. 사익만 추구했을 때와 공익을 실천했을 때의 차이점을 설명하는 거죠. 그러다 보면 알게 될 거예요. 왜 도덕적 삶이 필요한지를 말이죠. 주변에서 경험한 일, 뉴스나 방송을 통해 알게 된 사익만을 추구한 사건들을 생각해서 예를 들어 보세요. 관련 기사는 많이 찾을 수 있을 거예요. 사람만의 특징인 도덕적 삶이 붕괴되고 있는 예가 주변에 아주 많거든요. 여러분은 공정과 양심이 더욱더 강조되는 세대가 될 거예요. 우리 한 번 더 도덕적 삶에 대해서 생각해 보아요.

[도덕적으로 살아야 하는 이유를 적어 보세요.]

사이버 윤리

관련 주제: 사이버 윤리 (월촌중)

〈생각 열기〉 사이버상에서 지켜야 할 윤리를 다섯 가지 이상 적어 보세요.

새로운 교육과정 수행평가

101가지 수행평가 주제 글쓰기 국어

101가지 수행평가 주제 글쓰기 영어

101가지 수행평가 주제 글쓰기 수학

101가지 수행평가 주제 글쓰기 과학

101가지 수행평가 주제 글쓰기 사회

101가지 수행평가 주제 글쓰기 기타

사이버 공간은 익명성이 보장됩니다. 실제와 사이버 공간의 자아가 분리될 수 있어요. 익명성 때문에 악플이라는 것도 쉽게 등장하죠. 악플러들을 고소해서 만나 보면 현실에서는 순하고 성실한 사람인 경우가 많대요. 익명성에 숨어 자신 안에 숨겨져 있던 분노와 감정들을 폭발하고 있는거지요.

사이버에서는 비대면이 특징이죠. 마주 대하고 사람과 감정을 나누는 것이 아니기 오해가 생기기 쉬워요. 글은 남겨지기 때문에 말보다 조심해서 사용해야 해요. 또 다른 사람들을 쉽게 만날 수 있다는 특징도 있어요. 굳이 시간과 공간이 필요하지 않죠. 친구의 친구와도 쉽게 관계를 맺을 수 있는 게 사이버 세상이에요. 이러한 세 가지 특징 때문에 어두운 면이 존재하는 것도 사실이에요. 사이버상에서 폭력이나 비윤리적 행동은 심해지고 있죠. 이를 방지하기 위해 사이버 윤리라는 게 필요해요.

사이버 윤리의 원칙이라면 무엇이 있을까요? 존중의 마음이 필요하겠죠. 타인을 존중하는 마음을 가지고 함부로 대하지 않는 것 말이에요. 내가 소중하듯 남도 소중하다는 생각이 시작이죠. 다른 사람의 사생활을 유포하거나 지적 재산권을 침해하는 일들은 배려심이 없는 행동이죠. 타인의 소중함을 생각하고 배려한다면 그런 일들은 일어나지 않을 거예요. 익명성을 악용하는 것도 위험해요. 자신의 존재를 숨기고 사이버 폭력을 하거나 악플을 다는 것은 안 되죠. 사이버 따돌림이나 인터넷 사기 등도 익명성에 숨어 악용되는 예이지요. 이를 방지하기 위한 윤리가 필요하리라 생각됩니다.

여러분은 어릴 때부터 인터넷 사용에 익숙해져 있어요. 쉽게 인터넷을 활용하죠. 과제를 할 때 인터넷에서 자료를 찾아서 복사해서 붙이기 하는 일을 쉽게 생각하면 안 됩니다. 익숙하고 편안하다고 잘못된 행동을 계속하는 것은 곤란해요. 이번 기회에 나의 인터넷 사용 습관을 돌아보고 사이버 윤리를 만들어 보세요. 멀리서 찾지 말구요. 나의 사용 패턴에서 문제가 있었던 것을 찾아보세요. 문제 있는 습관을 찾을 수 있을 거예요. 그것을 개선하는 기회로 삼으며 사이버 윤리를 써 보세요. 나의 점수도 채점해 보구요. 여러분의 사이버상의 습관을 잡아 주는 데 도움이 될 거예요.

[나의 사이버 윤리 점수를 주고 이유를 설명해 보세요.]

새로운 교육과정 수행평가

101가지 수행평가 주제 글쓰기 국어

101가지 수행평가 주제 글쓰기 영어

101가지 수행평가 주제 글쓰기 수학

101가지 수행평가 주제 글쓰기 과학

101가지 수행평가 주제 글쓰기 사회

101가지 수행평가 주제 글쓰기 기타

나의 롤 모델 소개하기

관련 주제: 나의 롤 모델 소개 자료 만들기 (서운중)

〈생각 열기〉 나의 인생 롤 모델은 누구이고 이유는 무엇인가요?

　인생의 롤 모델은 누구인가요? 롤 모델이란 자신이 해야 할 일에서 본받을 만하거나 모범이 되는 사람을 말해요. 내 인생 롤 모델은 현재 위치에서 학생일 수도 있구요. 꿈꾸는 미래 모습에서 찾을 수도 있어요. 롤 모델을 찾기 위해 가장 필요한 것이 무엇인지 알겠죠? 인생 목표를 정하는 겁니다. 내가 살고 싶은 삶을 그려 보는 거예요. 그래야 그에 합당한 롤 모델을 찾을 수 있겠죠. 롤 모델의 삶은 화려하게만 보일 거예요. 뭔가 그럴싸한 성취를 이뤄낸 사람들일 테니까요. 하지만 그들의 유년기도 그렇게 화려했을까요? 어렵고 힘든 상황을 이겨내고 성취해 낸 인물들도 많아요. 내 위치나 상황이 좋지 않더라도 실망하지 말아요. 가정 환경이 어렵거나 건강에 어려움이 있는 친구라도 힘을 내세요. 그것이 자신이 더 단단하게 자랄 수 있는 기반이 되어 줄 테니까요. 처음부터 화려하게 탄탄대로만 달리는 인물보다는 어려움을 극복한 사람이 매력 있죠. 여러분도 그런 인생을 살 수 있어요. 지금은 뭐하나 잘하는 것 없어 보이지만 여러분의 가능성은 무한하답니다. 자신을 과소평가하지 마세요.

　내가 꿈꾸는 삶의 모습을 닮은 롤 모델을 찾아서 미래를 그려 보세요. 여러분은 충분히 그렇게 될 수 있어요. 롤 모델을 찾고 그 모습을 닮아 가려는 노력에서부터 출발이에요. 여러분의 멋진 미래를 응원합니다. 그 시작이 이 과제에서 시작된다면 더더욱 좋겠어요. 여러분 모두 파이팅! 입니다.

[나의 인생 롤 모델 인물 소개서를 써 보세요.]

생각 노트

101가지
수행평가 주제 글쓰기

초판 1쇄 인쇄 2022년 12월 10일
초판 1쇄 발행 2022년 12월 15일

지은이   이현주 · 이현옥
편집이사   이명수
출판기획   정하경
편집부   김동서, 전상은, 김지희
마케팅   박명준   온라인마케팅   박용대
경영지원   최윤숙, 박두리

펴낸곳   북스타
출판등록   2006. 9. 8 제313-2006-000198호
주소   파주시 파주출판문화도시 광인사길 161 광문각 B/D
전화   031-955-8787   팩스   031-955-3730
E-mail   kwangmk7@hanmail.net
홈페이지   www.kwangmoonkag.co.kr
ISBN   979-11-88768-60-8   13370
가격   18,000원